山西省“十四五”首批职业教育规划教材立项建设教材

21世纪技能创新型人才培养系列教材 计算机系列

短视频制作

项目教程

主编/徐鉴 刘变琴 黄晨

中国人民大学出版社
·北京·

图书在版编目（CIP）数据

短视频制作项目教程 / 徐鉴，刘变琴，黄晨主编
. -- 北京 ：中国人民大学出版社，2023.7
21 世纪技能创新型人才培养系列教材 . 计算机系列
ISBN 978-7-300-31762-5

Ⅰ. ①短… Ⅱ. ①徐… ②刘… ③黄… Ⅲ. ①视频制
作－教材 Ⅳ. ① TN948.4

中国国家版本馆 CIP 数据核字（2023）第 096855 号

山西省“十四五”首批职业教育规划教材立项建设教材
21 世纪技能创新型人才培养系列教材 · 计算机系列
短视频制作项目教程
主　编　徐　鉴　刘变琴　黄　晨
Duanshipin Zhizuo Xiangmu Jiaocheng

出版发行	中国人民大学出版社		
社　　址	北京中关村大街 31 号	**邮政编码**	100080
电　　话	010 – 62511242（总编室）		010 – 62511770（质管部）
	010 – 82501766（邮购部）		010 – 62514148（门市部）
	010 – 62515195（发行公司）		010 – 62515275（盗版举报）
网　　址	http://www.crup.com.cn		
经　　销	新华书店		
印　　刷	中煤（北京）印务有限公司		
开　　本	787 mm × 1092 mm　1/16	**版　　次**	2023 年 7 月第 1 版
印　　张	12	**印　　次**	2025 年 6 月第 4 次印刷
字　　数	286 000	**定　　价**	63.00 元

《短视频制作项目教程》
编委会

陆学宝　广东科贸职业学院
李欣怡　广东省外语艺术职业学院
韦华玲　广西机电职业技术学院
李　强　河北软件职业技术学院
黄晓娟　杭州科技职业技术学院
林　楠　惠州工程职业学院
许陈哲　江苏工程职业技术学院
刘红豆　江苏经贸职业技术学院
佟　玲　吉林工程职业学院
冼　浪　茂名职业技术学院
曹春花　上海科学技术职业学院
田君熙　陕西财经职业技术学院
温卓方　陕西国防工业职业技术学院
王　茜　山西金融职业学院
耿　坤　天津职业大学
李杰英　太原城市职业技术学院
张　昊　武汉职业技术学院
吴伟峰　无锡工艺职业技术学院
王思梦　无锡职业技术学院
王梦妍　温州职业技术学院
高　捷　襄阳汽车职业技术学院
陈　敏　徐州生物工程职业技术学院
孙　勇　浙江经贸职业技术学院

PREFACE 前言

党的二十大报告指出：必须坚持科技是第一生产力、人才是第一资源、创新是第一动力，深入实施科教兴国战略、人才强国战略、创新驱动发展战略，开辟发展新领域新赛道，不断塑造发展新动能新优势。近几年，短视频迎来了流量激增的爆发时期，短视频行业非常被看好。本教材针对自媒体短视频初学者或爱好者编写，通过实际案例，使初学者能在短时间内掌握短视频制作的基本技能。

"短视频制作"是广告设计与制作专业实践性、综合性较强的专业核心课程，面向职业学校和社会，主要适用于三年制高等职业技术学院广告设计与制作及相关专业，基于广告文案写作、广告策划与创意设计、PR 等课程，主要培养学生的实践动手能力，使学生能够适应职业岗位的要求。本书全面体现了该课程的内容，共有七个项目，主要内容包括：全面认识短视频、短视频内容的策划思路、手机拍摄技巧、短视频的文案、抖音短视频、使用剪映编辑与制作短视频、原创短视频制作。

通过本书的学习，学生能够在训练过程中强化操作技能，锻炼设计能力，提升艺术创意意识，培养吃苦耐劳、有责任心、做事细致等基本素质。本书在编写中立足于高职院校的教学特点，以培养具备创意、设计、运营等能力的自媒体行业人才为目标，在强调应用型教学的基础上，从短视频制作的基础知识、策划思路和视频拍摄、整体运营等方面进行编写，注重理论与实践相结合，突破了传统的纯理论或纯实践的知识框架，深入浅出地阐述基础知识，培养学生多元的思维方式。本书注重将理论知识融汇贯穿于项目的执行过程中，实现理论实践一体化，使学生通过学习和训练，明确自媒体中各主要岗位的技能要求，对摄像、文案编辑、纪实、MV 等制作的原理、技巧、程序与具体运作有全面而深刻的了解，具备短视频制作的基本能力。

由于学术水平有限，本书难免有不足和欠妥之处，恳请广大读者提出宝贵的意见和建议，以便今后修订与完善。

编者

CONTENTS

目录

项目一 全面认识短视频 / 1

任务一 短视频概述 / 2
任务二 短视频的推广 / 4
任务三 短视频的发展 / 8
任务四 常见的短视频平台 / 11
任务五 短视频制作基本流程 / 16
任务六 常用短视频编辑制作工具 / 20

项目二 短视频内容的策划思路 / 23

任务一 用户分析 / 24
任务二 短视频内容策划原则 / 26
任务三 短视频内容策划定位 / 30
任务四 短视频内容策划方法 / 33
任务五 短视频热门内容 / 37

项目三 手机拍摄技巧 / 42

任务一 短视频拍摄思维与创意 / 43
任务二 短视频拍摄前准备 / 47
任务三 短视频构图基础 / 51
任务四 拍摄技巧——人物篇 / 55
任务五 拍摄技巧——光影篇 / 60
任务六 拍摄技巧——创意篇 / 64

任务七　拍摄技巧——夜景篇　/ 71
任务八　分镜头基础　/ 76

项目四　短视频的文案　/ 79

任务一　短视频文案的基本原则　/ 80
任务二　文案技法——思考篇　/ 82
任务三　文案技法——故事篇　/ 85
任务四　文案技法——创意篇　/ 88

项目五　抖音短视频　/ 91

任务一　抖音短视频标题撰写技巧　/ 92
任务二　抖音短视频推荐机制的底层逻辑　/ 97
任务三　抖音短视频平台规则解读　/ 102
任务四　拍摄抖音短视频　/ 106
任务五　如何搭建自己的直播间　/ 108
任务六　抖音直播带货三要素之一——人　/ 113
任务七　抖音直播带货三要素之二——货　/ 118
任务八　抖音直播带货三要素之三——场　/ 122

项目六　使用剪映编辑与制作短视频　/ 128

任务一　剪映界面介绍　/ 129
任务二　使用剪映进行短视频剪辑　/ 136
任务三　常用的剪映特效　/ 143
任务四　VUE 在短视频中的应用　/ 152
任务五　快剪辑在短视频中的应用　/ 156

项目七　原创短视频制作　/ 162

任务一　原创短视频创作思路　/ 163
任务二　优质短视频标题创作　/ 167
任务三　完整视频综合应用处理　/ 171
任务四　相关案例分析　/ 175

参考文献　/ 182

项目一

全面认识短视频

项目综述

短视频即短片视频，是一种网络内容的传播形式。在当代媒体中，短视频的时长一般为 3 ～ 5 分钟，随着各主流平台与新型媒体产业的迅速发展，短视频因吸引流量而备受青睐。本项目从分析短视频的优势起，主要讲解短视频的推广和发展、常见的短视频平台、短视频制作基本流程，以及常见短视频编辑制作工具，帮助同学们全面认识短视频。

任务一 短视频概述

短视频概述

【任务导学】

知识难点：利用短视频的优势进行创作。

知识重点：1. 短视频的定义。

2. 短视频的优势。

【思维导图】

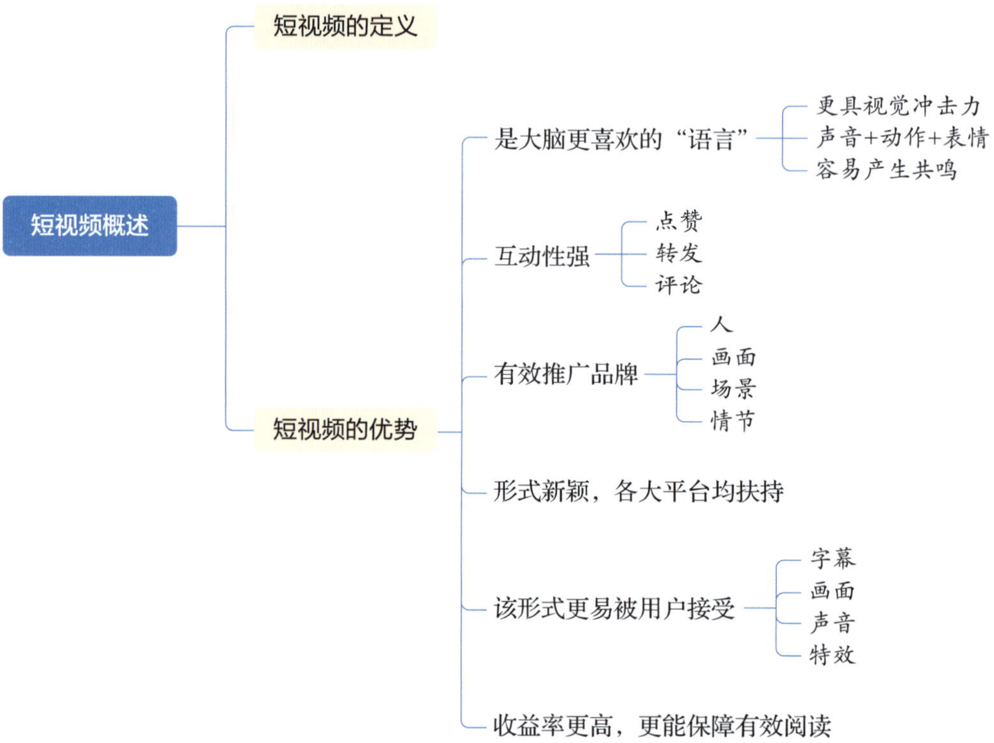

【基础知识全景体验】

一、短视频的定义

短视频是一种依托移动智能终端实现快速拍摄和编辑，融合文字、语音和视频的新型视频形式，其内容形式不仅限于文字、音频，视频长度通常以秒计算。通过短视频，可在社交媒体平台上实时分享个性化内容。

短视频是对社交媒体现有主要内容形式（文字、图片等）的一种有益补充。同时，优质的短视频内容亦可借助社交媒体的渠道优势实现快速传播。当下，短视频是深受互联网用户喜爱的内容形态。与纯文字文本相比，短视频更加生动形象，包含的信息量更大，用户观看短视频花费的精力更少。

随着网红经济的出现，视频行业逐渐崛起一批优质的UGC内容制作者，微博、秒拍、快手、今日头条纷纷入局短视频行业，募集了一批优秀的内容制作团队入驻。2017年，短视频行业竞争进入白热化阶段，内容制作者也开始偏向PGC化专业运作。在这种背景下，短视频平台要想实现可持续发展，就必须为用户提供大量优质的短视频内容。

二、短视频的优势

不少企业已经意识到短视频传播是提升品牌知名度的最佳方式之一，因此越来越多的企业开始使用短视频这种媒介形式开展市场营销活动。短视频的优势主要体现在以下几个方面。

（一）短视频是大脑更喜欢的“语言”

研究数据表明，大脑处理视频的速度比处理纯文字的速度快很多倍。从人的本能来说，比起图片和文字，短视频内容更具视觉冲击力，它将声音、动作、表情融于一体，可以让用户更真切地产生共鸣。因此，在生活节奏越来越快的当今社会，短视频这种碎片化的资讯获取方式和社交方式越来越受到人们的欢迎。

（二）互动性强

短视频发布者可以和用户产生互动，每个用户都可以对短视频点赞、转发和评论。用户在评论区向发布者发出评论，发布者可即时做出回答，当用户看到自己的评论被回复时，评论的积极性自然就提高了。

（三）有效推广品牌

短视频可以轻松地推广品牌，向用户传递品牌和产品信息。短视频的内容是多样化的，可以是人，也可以是画面、场景、情节等，这使用户对产品广告的接受程度提高，从而愿意对产品广告进行二次传播。

短视频制作相较于纯图文创作来说有着很多的优势，当然也有一定的门槛。

【素质提升】

充分发挥短视频的优势，提升自己感知美、欣赏美、创造美的能力，全面提高自己的审美和人文素养，树立正确的艺术观和创作观，从而创作出优秀的作品。

【知识测试与能力训练】

认真完成表1-1-1中的任务。

表 1-1-1　短视频的优势

任务主题	分析、总结短视频的优势
任务准备	笔记本电脑
组织形式	通过浏览各大短视频平台，搜集相关数据进行比较，得出结论
结果呈现	以 PPT 或小视频的形式在班级中进行交流
任务评价	□优　　□良　　□差

【评价与反思】

在完成本学习任务后，以小组会议的形式进行思考与总结，并以小组为单位撰写单元学习自评总结，提交 PPT 演示文稿，推选代表在课堂上演讲，与其他小组相互点评，最后由教师进行总结评价。教学评价表见表 1-1-2。

表 1-1-2　教学评价表

序号	考核内容	考核标准	分值	学生自评	学生互评	教师评价
1	知识掌握	能完整地理解和掌握短视频基础知识	20			
2	知识运用	能够熟练、准确地运用所学知识完成后续任务	20			
3	学习态度	学习积极主动，态度认真	10			
4	课堂表现	遵守教学秩序	10			
5	自主学习	具有自学意识和动手实操能力	10			
6	能力提升	具有对自媒体类型和短视频题材的敏感度	30			
7	总体评价					

任务二　短视频的推广

【任务导学】

知识难点：利用短视频进行变现。

知识重点：1. 短视频的推广渠道。

2. 短视频的内容划分。

【思维导图】

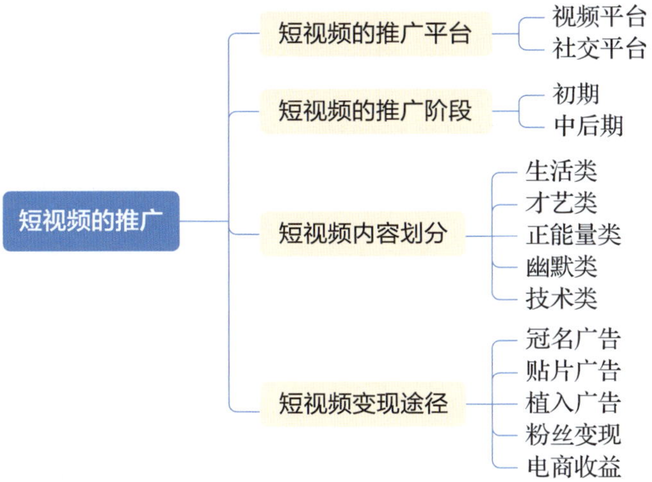

【基础知识全景体验】

一、短视频的推广平台

（一）视频平台

在线视频平台是专门的视频网站，其播放量主要是依靠爱奇艺、搜狐视频、腾讯视频等常用的视频软件来实现的。这个渠道要求视频内容必须精彩有看点，这样才能够得到推荐，从而获得更好的资源位。

（二）社交平台

这类渠道传播性比较强，比如 QQ、微博、微信等。这些平台的用户群体庞大，而且传播速度快，效果好。

二、短视频的推广阶段

（一）初期

在做短视频的初期，坚持更新很重要，而且一定要在固定的时间点进行更新。这样可以使用户养成习惯，同时也可以提高自己的可信度。此外，多渠道的分发可以提高曝光度和知名度。还可以建立粉丝群，在群里进行分享以增加粉丝黏性。

（二）中后期

在做短视频的中后期，账号已经有了一定的粉丝量，处于一个慢慢发展的上升期，这时候要做的就是对现有的粉丝进行维护，然后不断地积累。这是一个慢慢累积、由少成多的过程。

如果想要加快短视频账号推广的进程，可以借助专业的方式，如通过精准的线上互联网营销，在不同平台、不同渠道进行推广，提高在各个平台的曝光量，打造传播矩阵。

三、短视频内容划分

想做短视频运营，第一步就是选择领域，也就是自媒体人要创作的短视频的类别。短视频的内容主要可以划分为以下几方面。

（一）生活类

研究数据表明，生活类视频内容一般会给大家分享一些生活中的技巧，比如快速开瓶盖技巧、快速叠被子技巧等。这样的内容受众面比较广，几乎适用于所有用户，且由于时长较短，用户一般能够完整观看视频。

（二）才艺类

才艺类视频内容丰富，一般比较受欢迎，比如古筝弹奏、舞蹈步伐演示、跑酷表演等。这类视频一般面向寻求放松的用户，当然也有一部分的视频发布者是为了推广自己的辅导培训，这类推广视频获得的招生效果也比较好。

（三）正能量类

正能量类视频一般都是对真善美的宣传，比如对孝顺、尊师重道等的宣传。这类视频推崇中华优秀传统美德，符合用户的精神生活需求，点赞量一般都很高。

（四）幽默类

幽默类视频的种类比较多，观看人数也很多，其目的是让人开心，帮助人们减轻生活压力。

（五）技术类

技术类视频内容有趣、干货较多，因此深得用户喜欢。

了解了短视频内容的分类后，我们才能有针对性地去运营内容，因为对于不同的短视频门类，其运营及创作的方式都是不同的，所以在创作之前找准分类是非常重要的。

四、短视频变现途径

当短视频有了一定的播放量和粉丝量时，可以考虑通过拍摄广告植入类视频等进行变现。广告变现是比较常见的变现方式，大致分为以下几类。

（一）冠名广告

冠名广告是指在视频前加上赞助商或者广告主名称进行品牌宣传的广告形式。如一些综艺节目，主持人会在节目开始之前介绍本节目由 ×× 冠名播出。这类广告一般收入金额会比较大。

（二）贴片广告

贴片广告是在短视频播放过程中加贴的一个专门制作的广告，一般会在片头或片尾出现。这种广告到达率比较高，但是收入相较于其他广告形式会低一些，并且这类广告与短视频内容相关性不大，会让用户感觉有些突兀，给用户带来不好的观看体验。

（三）植入广告

植入广告是将某品牌商品或服务置于短视频情节当中，让观看者不自觉地熟悉或重复记忆这一商品或服务。这种广告相较于前两种广告更加自然，用户接受度相对较高。

（四）粉丝变现

“粉丝经济”目前已较为普遍，不管在什么行业，粉丝都能够带来持久收益，实现变现。如果目前你的短视频栏目已经获得 10W+ 数量的粉丝，可以尝试这种变现方式，对粉丝进行精准营销，通过粉丝为团队带来收益。

（五）电商收益

电商收益是指通过发布的短视频，为一些网店导流，实现销售，从中取得一部分盈利。这些网店可以是自营的，也可以是淘宝等外接店铺。

【素质提升】

学会推广短视频，充分利用短视频渠道传播优质内容，提升自己对内容的把控能力，全面提高自己的人文素养，树立正确的价值观。

【知识测试与能力训练】

认真完成表 1－2－1 中的任务。

表 1－2－1　短视频的推广

任务主题	分析、总结短视频的推广渠道		
任务准备	笔记本电脑		
组织形式	通过浏览各大短视频平台，搜集相关数据进行比较，得出结论		
结果呈现	以 PPT 或小视频的形式在班级中进行交流		
任务评价	□优	□良	□差

【评价与反思】

在完成本学习任务后，通过小组会议的形式进行思考与总结，可以小组为单位撰写单元学习自评总结，提交 PPT 演示文稿，并推选代表在总评会上演讲，与其他小组进行相互点评，最后由教师进行总结评价。教学评价表见表 1－2－2。

表 1-2-2　教学评价表

序号	考核内容	考核标准	分值	学生自评	学生互评	教师评价
1	知识掌握	能完整地理解和掌握短视频推广知识	20			
2	知识运用	能够熟练、准确地运用所学知识完成后续任务	20			
3	学习态度	学习积极主动，态度认真	10			
4	课堂表现	遵守教学秩序	10			
5	自主学习	具有自学意识和动手实操能力	10			
6	能力提升	能利用短视频变现	30			
7	总体评价					

任务三　短视频的发展

短视频的发展

【任务导学】

知识难点：短视频的重要意义。

知识重点：1. 短视频的市场现状分析。

2. 短视频的未来发展趋势分析。

【思维导图】

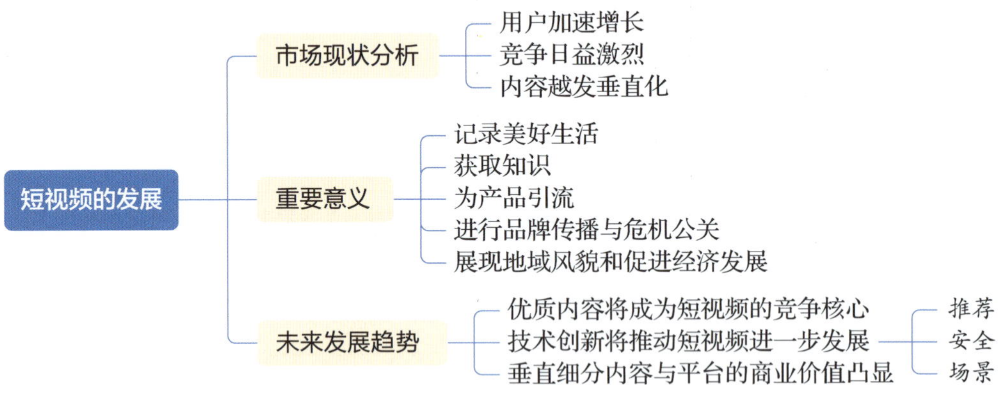

【基础知识全景体验】

一、短视频的市场现状分析

短视频可以消耗用户大量的碎片时间，有更强的时间黏性、更年轻的用户群、更好的变现方式。在短视频领域，“南抖音、北快手”的竞争格局已基本形成，剩余的市场份额基本由美图的美拍、新浪的秒拍、头条的火山小视频、西瓜视频等产品瓜分。

据统计，抖音 App 仅在 2018 年春节期间下载量就高达 3000 万，连续 16 天霸占应用中心下载量的榜首。

目前，我国发展较为成熟的短视频平台主要可分为六大类别：以抖音、快手为代表的社交媒体类；以西瓜视频为代表的资讯媒体类；以 B 站（bilibili）、A 站（AcFun）为代表的 BBS 类；以朋友圈视频为代表的 SNS 类；以淘宝、京东为代表的电商类；以剪映为代表的工具类。而在这六大类别中，抖音、快手牢牢占据了目前短视频市场的龙头地位。无论是抖音的“记录美好生活”，还是快手“记录生活记录你”的口号，都标志着目前移动短视频应用大多还是定位在生活分享和社交互动的泛娱乐领域。

除头部市场以外，新晋的 App 也都各自将泛娱乐内容作为自己的垂直领域主打：奶糖致力于构建属于年轻人的音乐短视频社区；超能界注重录制真人特效短视频；美拍专注打造“女生最爱的潮流短视频社区”。总体来看，虽然短视频内容在深耕垂直发展中呈现出“百花齐放”的发展势态，但泛娱乐内容仍是当前短视频内容的主流。

二、短视频的重要意义

近两年，短视频成为各大企业和个人争夺流量的高地。短视频的营销价值主要体现在以下几个方面。

第一，记录美好生活。我们从时下热门的两款短视频 App（抖音和快手）中不难看出，短视频可以用来记录生活、展现自己的特质。每个人都有记录和倾诉生活点滴的诉求，而短视频平台则可以满足了大部分人的需求，它能够将生活的点滴记录下来并且展现出去。

第二，获取知识。现在很多人都忙于工作应酬，很难挤出时间学习，因此很多人都利用碎片化的时间去学习知识。2020 年抖音数据报告显示，超过 3600 万人观看清华大学直播。

第三，为产品引流。对任何商家而言，无论是电子商务还是传统生意，流量决定一切，而现在有众多用户的短视频平台，无疑是站外推广的绝佳平台之一。对于传统商家，线上引流也必不可少，短视频使得“打卡经济”迅速发展，也推动了传统店铺生意的步步上升。

第四，进行品牌传播与危机公关。短视频可以帮助企业及个人进行品牌传播，清晰有效地表达品牌内涵，展示自身的正面形象，并通过回复留言、私信等与粉丝进行即时互动，缩短了与粉丝之间的距离。就目前而言，短视频平台已经是一个极其重要的公关阵地，各个知名企业以及明星都会在短视频平台投放内容。

第五，展现地域风貌和促进经济发展。各个地区都具有悠久的历史底蕴、拥有优质的特色产品，但由于部分地区信息渠道不通畅、基础设施建设不完备等，许多特色产品并不能转换成实际收入。通过运营短视频，培养粉丝黏性，能够有针对性解决销售问题。

三、短视频的未来发展趋势

（一）优质内容将成为短视频的竞争核心

短视频本质上属于内容产业，是内容驱动型行业，优质、持续、差异化的内容供给是平台制胜的关键。反映社会现状和热点，彰显正确价值观并引起观众共鸣的短视频内容将更容易获得广泛的传播，从而具有更长的生命周期。

（二）技术创新将推动短视频进一步发展

短视频行业的技术创新将主要围绕推荐、安全、场景三个方面展开。

1. 推荐方面

短视频平台有望利用日益成熟的人工智能技术，更好地解决非个性化推荐和个性化推荐两大问题。

2. 安全方面

可借助区块链技术实现更便捷、更低成本的内容版权保护。

3. 场景方面

未来通过“大宽带，低时延”的 5G 网络技术，连接海量智能设备，短视频的应用场景将被极大地丰富，行业将更具想象空间。

（三）垂直细分内容与平台的商业价值凸显

当前短视频行业仍以泛娱乐、泛生活内容为主要的流量入口，未来随着消费升级的进一步推进，用户对垂直细分领域的优质内容会产生更大的需求，内容生产行业将出现一批垂直领域的短视频平台。垂直领域内容将更加精细，对应的平台的用户群体更加明确，在精准营销方面更具商业价值。

【素质提升】

立足时代、扎根人民、深入生活，才能帮助我们树立正确的艺术观和创作观，培养艺术表现能力和沟通能力。

【知识测试与能力训练】

认真完成表 1 - 3 - 1 中的任务。

表 1 - 3 - 1　短视频的发展

任务主题	分析、总结短视频的发展
任务准备	笔记本电脑
组织形式	通过浏览各大短视频平台，搜集相关数据和内容进行比较，得出结论
结果呈现	以 PPT 或小视频的形式在班级中进行交流
任务评价	□ 优　　□ 良　　□ 差

【评价与反思】

在完成本学习任务后，通过小组会议的形式进行思考与总结，可以小组为单位撰写单元学习自评总结，提交 PPT 演示文稿，并推选代表在总评会上演讲，与其他小组进行相互点评，最后由教师进行总结评价。教学评价表见表 1-3-2。

表 1-3-2 教学评价表

序号	考核内容	考核标准	分值	学生自评	学生互评	教师评价
1	知识掌握	能完整地理解和掌握短视频发展内容	20			
2	知识运用	能够熟练、准确地运用所学知识完成后续任务	20			
3	学习态度	学习积极主动，态度认真	10			
4	课堂表现	遵守教学秩序	10			
5	自主学习	具有自学意识和动手实操能力	10			
6	能力提升	能识别优质短视频内容，并分析其特点	30			
7	总体评价					

任务四 常见的短视频平台

常见的短视频平台

【任务导学】

知识难点：短视频不同平台的差异。

知识重点：短视频平台的内容分发模式。

【思维导图】

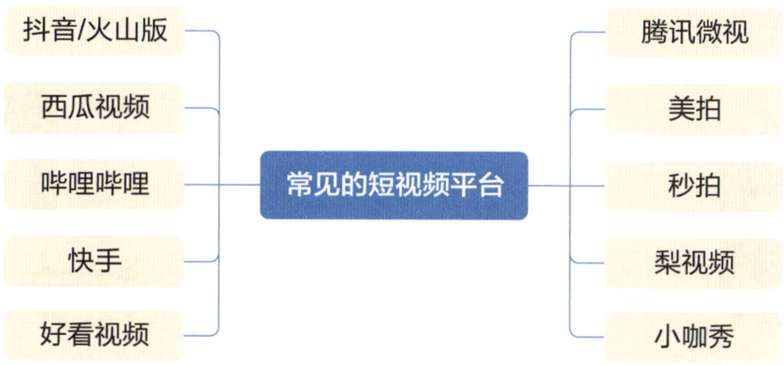

【基础知识全景体验】

随着短视频平台越来越多，用户群体越来越广，短视频领域的发展前景也越来越广阔。在碎片化时代，短视频发展是一种必然趋势，它拥有比以往媒介更丰富的内容，更真实的视听感受，更便捷的操作。短视频将会在新媒体中占据主要地位。

一、常见的短视频平台

（一）抖音

抖音（见图 1－4－1），是一个帮助大众用户表达自我、记录美好生活的短视频分享平台。它能在快节奏的前提下，为客户带来新奇又具有魔性效果的视频。相比其他平台来说，抖音的名气更大一些，全球用户多，也是国际化很成功的软件之一，能让用户在生活中轻松快速产出优质短视频。优势如下：

（1）产品营销效率高。

（2）用户转化率高。

（3）品牌认知广泛。

（二）西瓜视频

西瓜视频（见图 1－4－2），是一个基于智能推荐技术为用户做视频内容分发的平台，它能让用户的每一次刷新都可以开眼界、长知识。同时，西瓜视频还是字节跳动旗下的中文视频平台，以“点亮对生活的好奇心”为目标，通过人工智能帮助每个人发现自己喜欢的视频，并帮助视频创作者轻松地向全世界分享自己的视频作品。优势如下：

（1）公域流量大。

（2）受众年轻化。

（3）内容分类全。

（4）数据可视化。

（三）抖音火山版

抖音火山版（见图 1－4－3），是一款 15s 原创生活小视频社区，由今日头条孵化，通过小视频帮助用户迅速获取内容、展示自我、获得粉丝。可以下载原创类高清视频，画面清晰，播放流畅。优势如下：

图 1－4－1　抖音 logo

图 1－4－2　西瓜视频 logo

图 1－4－3　抖音火山版 logo

（1）美颜滤镜和背景音乐多，左右滑动切换美颜滤镜。
（2）拿起手机就能直播，与粉丝零距离互动。
（3）用户发布的视频可以获得火力值，火力值可以通过兑换进行提现。

（四）哔哩哔哩

哔哩哔哩（见图 1－4－4），是一个中国年轻一代高度聚集的文化社区和视频平台，它最大的特点在于它的弹幕，它提供三种常用弹幕模式：滚动弹幕、顶端弹幕、底端弹幕。用户可以利用弹幕来发表自己的见解和想法。此外，也有很多科普性的视频，可帮助用户学到更多知识。优势如下：
（1）视频的审核速度快。
（2）对客户所反映的问题，反馈很及时。
（3）博主质量较高，粉丝忠诚度高。

（五）快手

快手（见图 1－4－5），是国民短视频社区，是记录和分享生活的平台，是基于大数据进行用户推荐的平台。在这里，用户可以看到真实有趣的世界，找到自己感兴趣的人，也可以让世界发现真实有趣的自己。优势如下：
（1）信任感高，带货能力强。
（2）超高日活，保证品牌实现曝光。

（六）好看视频

好看视频（见图 1－4－6），是百度短视频旗舰品牌，包括好看视频独立 App、百度短视频 App、百度搜索短视频 App。致力于打造泛知识短视频平台，全面覆盖知识、生活、健康、文化、历史、科普、科技、情感、资讯、影视等领域。其目标是“拥抱被忽视的人群”。优势如下：

图 1－4－4　哔哩哔哩 logo

图 1－4－5　快手 logo

图 1－4－6　好看视频 logo

（1）信息储备大。
（2）能利用百度内容为创作者提供精细化指导，并利用度咔剪辑等内容创作工具，以及百度 AI 为创作者提供便利。

（七）腾讯微视

腾讯微视（见图 1－4－7），腾讯旗下的一款独立的短视频产品，它能够整合腾讯的资源。腾讯微视可以用来录制精彩视频，分享不一样的视界，具有潮酷特效、多彩贴纸、高清美颜、动感音乐等。优势如下：

（1）巨额补贴。
（2）官方流量扶持。

（八）美拍

美拍（见图 1－4－8），是一个受年轻人喜爱的平台，可以直播，可以制作小视频，等同于高颜值手机直播＋超火爆原创视频。网页版精选了热门、明星、音乐舞蹈、时尚美妆、美食创意、宝宝萌宠等好玩有趣的短视频。优势如下：

（1）美拍能对画面细节进行精细化设置。
（2）帮助女性用户更好地盈利。
（3）打造泛知谢豆视频社区，给予女性用户更大的成长空间。

（九）秒拍

秒拍（见图 1－4－9），是一个为短视频创作者提供内容发布、变现和数据管理服务的平台。能够帮助自媒体及各机构用户获得更多的曝光和关注，引发更多人的关注，扩大影响力，并实现品牌传播与内容变现。优势如下：

图 1－4－7　腾讯微视 logo　　图 1－4－8　美拍 logo　　图 1－4－9　秒拍 logo

（1）能有效扩大品牌知名度。
（2）采用特殊的拍摄、转码、上传同步技术，保证视频能够快速发布至微博和秒拍应用。

（十）梨视频

梨视频（见图 1－4－10），是一个中国领先的信息短视频制作公司，由全球资深媒体团队和摄影师共同打造的短视频平台，专注于为年轻一代提供适合移动终端观看和分享的短视频产品。梨视频也能源源不断地持续捕捉接地气的新鲜故事，还有专业创作团队对视频进行内容审核、剪辑，确保视频内容真实、健康。优势如下：

（1）独特的全球拍客体系与事实核查系统。
（2）独特的内容定位——“国家细节的讲述者”。

（十一）小咖秀

小咖秀（见图 1－4－11），是一款自带搞笑功能的视频拍摄应用的平台，小咖秀内置了很多经典的音乐和影视桥段供拍摄者使用，同时为了满足不同用户的需求，还提供了在线音频库大量精选音频可以下载使用。优势如下：

（1）内容能病毒式传播，有新浪微博和秒拍的平台做“秀场”。

图 1－4－10　梨视频 logo

图 1－4－11　小咖秀 logo

（2）精彩音频选择多，更新快。

（3）有明星资源做营销推广，形成明星效应。

二、短视频平台的内容分发模式

（一）人为分发

人为分发一般指的是对短视频内容人为地进行筛选、打标签，然后配置在不同的资源位，工作量一般体现在短视频内容的审核和展现策略上。短视频软件的人为分发资源位一般是固定的展现位，通常可在后台进行编辑，向用户展示平台推荐内容。

短视频软件中的特殊位置一般需要进行购买和申请，如短视频软件中不同时间段的黄金广告位、搜索的排位等。

（二）自动分发

自动分发标准可以分为三类：用户属性、用户行为、推荐算法。

1. 用户属性

根据用户属性进行分发，一般是指在短视频软件中，根据用户的购物偏好，为用户展现不同的短视频内容；或者根据用户在短视频软件开发中的定位，对附近的人发布的短视频内容进行推荐等。

2. 用户行为

根据用户行为进行分发，一般是指短视频软件通过一定的机制将用户点赞、评论内容进行分类统计，后续将更多的相似内容推荐给用户。

3. 推荐算法

根据推荐算法进行分发，一般是指短视频软件将刚发布的短视频小范围投放，如果短视频作品获得的点赞、评论比较多，再将其在更大的范围内进行分发。这是短视频软件中比较常用的流量分发方式，考核指标包括完播率、点赞量、评论量、转发量等。

人为分发可以单独出现在系统中，自动分发则必须依靠多个方面共同实现，比如推荐算法必然要根据用户的行为产生，分类之间的连贯性决定其出现的顺序和出现的必然性等。

【素质提升】

充分发挥常见的短视频平台的优势，制作优秀的短视频作品，树立正确的艺术观和创作观，在自己的专业道路上可持续地发展下去。

【知识测试与能力训练】

认真完成表 1－4－1 中的任务。

表 1－4－1　常见的短视频平台

任务主题	分析、总结常见的短视频平台的优势		
任务准备	笔记本电脑		
组织形式	浏览常见的短视频平台，搜集相关数据，得出结论		
结果呈现	以 PPT 或小视频的形式在班级中进行交流		
任务评价	□ 优	□ 良	□ 差

【评价与反思】

在完成本学习任务后，通过小组会议的形式进行思考与总结，可以小组为单位撰写单元学习自评总结，提交 PPT 演示文稿，并推选代表在课堂上演讲，与其他小组进行相互点评，最后由教师进行总结评价。教学评价表见表 1－4－2。

表 1－4－2　教学评价表

序号	考核内容	考核标准	分值	学生自评	学生互评	教师评价
1	知识掌握	能够完整地掌握不同短视频平台的优势	20			
2	知识运用	能够准确地运用所学知识完成后续任务	20			
3	学习态度	学习积极主动，态度认真	10			
4	课堂表现	遵守教学秩序	10			
5	自主学习	具有自学意识和动手实操能力	10			
6	能力提升	正确分析不同短视频平台的差异，根据短视频特点选择合适的平台	30			
7	总体评价					

任务五　短视频制作基本流程

短视频编辑制作的基本流程

【任务导学】

知识难点：短视频制作的基本流程。

知识重点：视频拍摄，脚本编写，剪辑流程。

【思维导图】

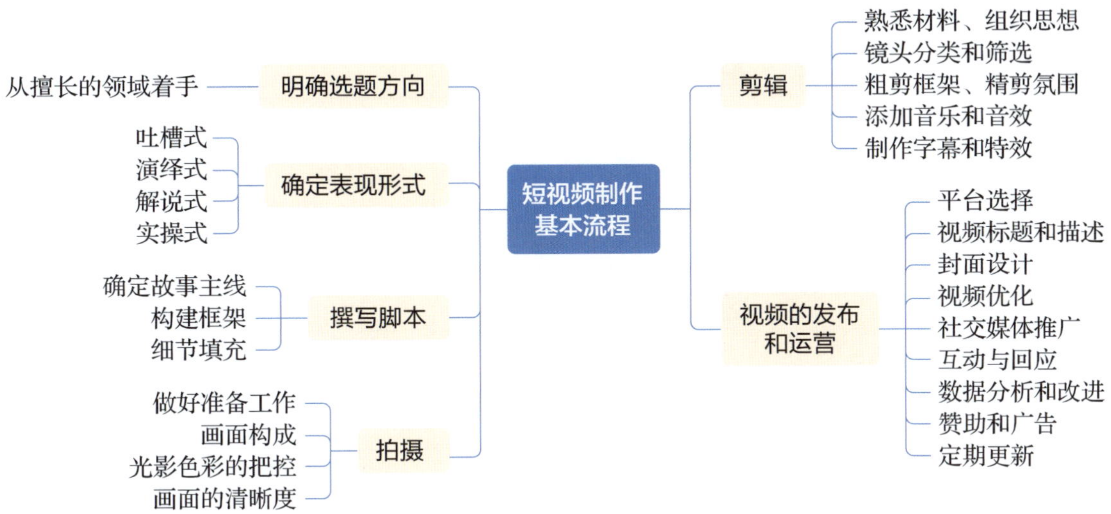

【基础知识全景体验】

一、明确选题方向

在拍摄短视频之前，需要先明确创作方向，根据自己的时间、兴趣爱好、身边的资源选择所要拍摄的短视频的领域，一般从擅长的领域入手。

二、确定表现形式

为了能够更深层次地诠释短视频的内容，将短视频的主题表达得更清楚，在拍摄短视频时需要确定短视频的表现形式。现在比较常见的短视频的表现形式有吐槽式、演绎式、解说式、实操式等。

三、撰写脚本

针对视频制作的主题，还需做好撰写脚本的准备，这样才能保证拍摄制作顺利进行。脚本可以让视频的逻辑更加清晰，语言表达更加清楚，更利于创作者制作出动人的作品，从而吸引更多的粉丝关注自己的短视频（见图 1－5－1）。

写作脚本时要先确定视频故事的主线和框架，视频拍摄的方式、景别，视频时长，以及画面内容、台词、音效等，再进行内容填充。这里要强调的是，大家应该培养文字分镜头脚本的意识，文字分镜头脚本包含的内容有：影片类型、人物故事、发生环境、剧情结构、主体内容、人物关系、画面效果（开场—发展—矛盾冲突—高潮点—尾声）。漫画式分镜头脚本，则可以参考一些经典电影和漫画。

镜头	剧情画面	内容	对白	时长
1		坐在桌子前写字	无对话（欢快的背景音乐、写字声、纸张声）	3秒
2		坐在桌子前看贺卡	无对话（欢快的背景音乐、纸张声）	2秒
3		将信件放入邮箱	无对话（欢快的背景音乐、邮箱盖打开声）	2秒
4		关闭邮箱盖	无对话（欢快的背景音乐、关闭邮箱盖声）	2秒
5		打开贺卡	无对话（欢快的背景音乐、纸张声）	2秒

图 1－5－1　脚本

四、拍摄

做好准备之后，就可以正式开始拍摄了。如果想要吸引粉丝关注，那么视频的画面一定要美，或者能够引起粉丝的共鸣。而如果想让粉丝停留更长的时间，就需要用视频的内容进行引导，比如用悬疑的内容引起粉丝的好奇心等。

对于拍摄器材方面，如果有专业团队，可以用专业设备；如果只是想先做着试试看，那么可以先用手机或者用摄像机拍摄。如果拍摄的画面抖、不稳定，也可以考虑使用稳定器或者三脚架。

拍摄的时候，需要注意拍摄顺序、拍摄素材、拍摄背景、人物形象、人物台词等。另外在拍摄的时候，还要注意打光，避免拍摄出来的画面阴暗不好看。

五、剪辑

完成视频素材的拍摄后，就可以做剪辑、配音等后期工作了。剪辑时，可以选取拍摄素材中和拍摄主题相关的场景，拼凑成为一个完整的短视频，然后再根据短视频的内容选择背景音乐。另外，短视频需要配音时，可以自己配音，或者用九锤配音。选择合适的声音完成配音后，将配音和视频素材、背景音乐整合到一起，最后完成发布。

六、视频的发布和运营

在发布阶段，创作者要做的工作主要包括选择合适的发布渠道，监控发布渠道的短视频数据和优化发布渠道。短视频发布完成后，要想脱颖而出，创作者还必须做好运营工作。

发布和运营视频是一种非常重要的数字营销策略，能够帮助企业吸引更多的用户。以下是关于视频发布和运营的一些重要内容：

1. 平台选择

选择适合目标受众的平台来发布视频。例如，YouTube 是世界上最大的视频共享网站，具有广泛的受众；TikTok 和 Instagram 等则更适合年轻的用户。

2. 视频标题和描述

为视频选择一个引人注目的标题，并在描述中提供有关视频的详细信息。这能够提高视频在搜索引擎中的可见度，使更多用户看到你的视频。

3. 封面设计

选择一个有吸引力的缩略图作为视频封面图片，这是吸引用户点击观看视频的关键因素之一。

4. 视频优化

使用关键字和标签来优化视频，以提高搜索引擎的排名，使更多用户在搜索相关关键字时发现你的视频。

5. 社交媒体推广

将视频分享到各个社交媒体平台，例如 Facebook、Twitter 等。这样可以扩大视频的传播范围，增加观看次数和分享率。

6. 互动与回应

与观众进行互动，回复评论和提问。这有助于建立与观众的关系，并提高用户参与度和忠诚度。

7. 数据分析和改进

通过分析视频的观看次数、观看时长和转化率等数据来评估视频的表现，根据数据结果来调整和改进视频制作和发布策略。

8. 赞助和广告

如果预算充足，可以考虑进行视频赞助或支付广告费用，以扩大视频的触达范围，并提高曝光率。

9. 定期更新

定期发布新视频来保持观众的兴趣和参与度，这将有助于建立品牌形象，并提高用户忠诚度。

总之，视频发布和运营是一个综合性的过程，需要综合考虑内容制作、平台选择、社交媒体推广和数据分析等因素。通过不断地优化和改进，视频能够吸引更多用户，提高曝光度，并促进业务增长。

【素质提升】

充分发挥短视频的优势，只有在生活中坚持以美育人、以美化人，积极弘扬中华优秀文化，才能更好地将艺术融入生活。树立正确的艺术观和创作观，创作出优秀的作品。

【知识测试与能力训练】

认真完成表 1-5-1 中的任务。

表 1-5-1　短视频制作基本流程

任务主题	短视频制作的基本流程
任务准备	笔记本电脑
组织形式	按照短视频制作基本流程，设计制作一个简单的短视频
结果呈现	以 PPT 或小视频的形式在班级中进行交流
任务评价	□ 优　□ 良　□ 差

【评价与反思】

在完成本学习任务后，通过小组会议的形式进行总结与思考，可以小组为单位撰写单元学习自评总结，提交 PPT 演示文稿，并推选代表在课堂上演讲，与其他小组进行相互点评，最后由教师进行总结评价。教学评价表见表 1-5-2。

表 1-5-2　教学评价表

序号	考核内容	考核标准	分值	学生自评	学生互评	教师评价
1	知识掌握	能够完整地理解和掌握短视频制作流程知识	20			
2	知识运用	能够熟练、准确地运用所学知识完成后续任务	20			
3	学习态度	学习积极主动，态度认真	10			
4	课堂表现	遵守教学秩序	10			
5	自主学习	具有自学意识和动手实操能力	10			
6	能力提升	能够编写脚本、剪辑一个短视频	30			
7	总体评价					

任务六　常用短视频编辑制作工具

短视频编辑制作常用工具

【任务导学】

知识难点：常用短视频编辑制作工具的功能特点。

知识重点：常见的短视频编辑制作工具。

【思维导图】

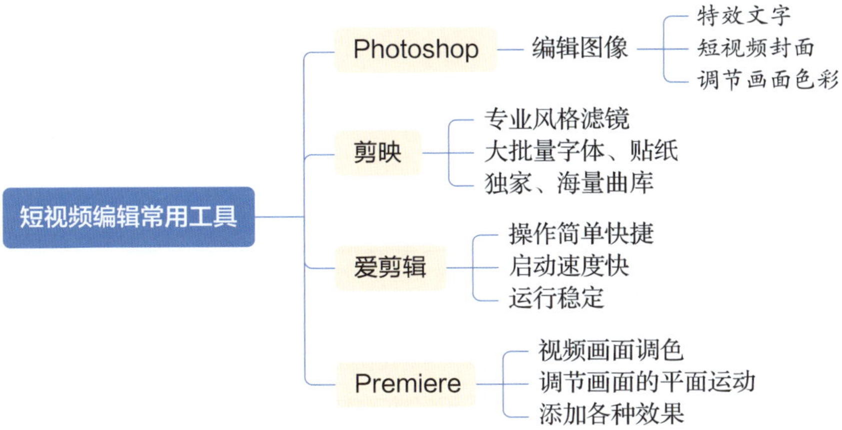

【基础知识全景体验】

一、Photoshop

Photoshop（简称 PS）是一款可跨平台操作使用的图像处理软件，如图 1-6-1 所示。它能对已有的位图图像进行编辑加工以及运用一些特殊效果，其重点在于对图像的处理加工。

图 1-6-1　PS logo

二、剪映

剪映是抖音官方推出的一款可用手机剪辑制作的视频编辑工具，见图 1-6-2。它带有全面的剪辑功能，支持变速，自带多种滤镜效果以及丰富的曲库资源。

图 1-6-2　剪映 logo

三、爱剪辑

爱剪辑是一款根据国人的使用习惯、功能需求与审美特点进行全新设计的剪辑软件，也是一款全能的免费视频剪辑软件，见图 1-6-3。

图 1-6-3　爱剪辑 logo

四、Premiere

Premiere 是一款画面质量良好的视频剪辑软件，有较好的兼容性，可以完成编辑、制作视频的工作，能满足创建高质量作品的要求，见图 1-6-4。

图 1-6-4　Premiere logo

【素质提升】

以艺术审美为出发点，对比分析常用短视频编辑制作工具，总结各种短视频编辑制作工具的优势，为后续使用打好基础。

【知识测试与能力训练】

认真完成表 1－6－1 中的任务。

表 1－6－1　常用短视频编辑制作工具

任务主题	分析、总结各常用短视频编辑制作工具的优势		
任务准备	笔记本电脑		
组织形式	通过体验不同的短视频编辑制作工具，进行分析总结		
结果呈现	以 PPT 或小视频的形式在班级中进行交流		
任务评价	□ 优	□ 良	□ 差

【评价与反思】

在完成本学习任务后，通过小组会议的形式进行总结与思考，可以小组为单位撰写单元学习自评总结，提交 PPT 演示文稿，并推选代表在课堂上演讲，与其他小组进行相互点评，最后由教师进行总结评价。教学评价表见表 1－6－2。

表 1－6－2　教学评价表

序号	考核内容	考核标准	分值	学生自评	学生互评	教师评价
1	知识掌握	能够完整地理解和掌握常用短视频编辑制作工具相关知识	20			
2	知识运用	能够熟练、准确地运用所学知识完成任务	20			
3	学习态度	学习积极主动，态度认真	10			
4	课堂表现	遵守教学秩序	10			
5	自主学习	具有自学意识和动手实操能力	10			
6	能力提升	能使用常用的短视频编辑制作工具	30			
7	总体评价					

项目二
短视频内容的策划思路

项目综述

现代人的生活节奏越来越快，而短视频的内容凝练性、娱乐性强，更加符合人们的兴趣取向，因而赢得了用户的广泛喜爱。短视频创作者需紧抓时代发展机遇，科学拓展短视频选题策划思路。如何确定合适的内容创作方向和策略是本项目的主要学习内容。

任务一 用户分析

短视频用户分析

【任务导学】

知识难点：从三个维度挖掘用户痛点。

知识重点：分析用户需求，挖掘用户痛点。

【思维导图】

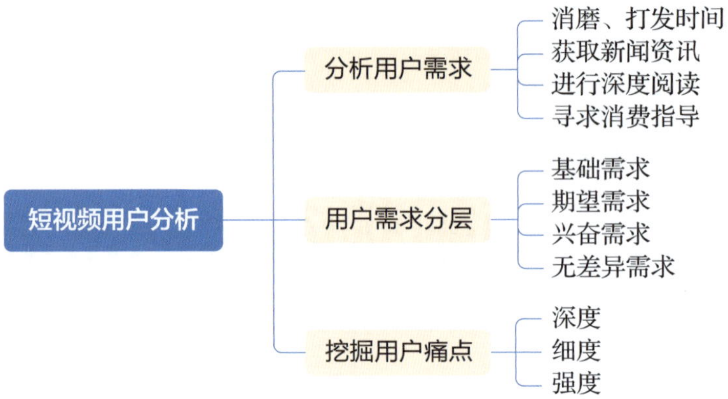

【基础知识全景体验】

一、分析用户需求

创作者进行用户分析时，首先应明确目标用户，简单来说就是确定拍摄的短视频是给“谁”看的。这个“谁”包含两层意思，第一层意思是视频的观众，第二层意思是潜在的用户。

只有真正了解用户喜好、掌握用户需求，才能获得用户的认可。用户选择平台时首要关注的是内容质量和内容多样性，其次是平台整体口碑和平台界面的舒适性，这解释了为什么“内容型”短视频平台的用户群体最为广泛。

要想满足用户对短视频内容的需求首先要将用户对内容的需求进行分类，要知道用户需要哪些内容。用户对内容的需求细分为以下 4 类，如图 2 - 1 - 1 所示。

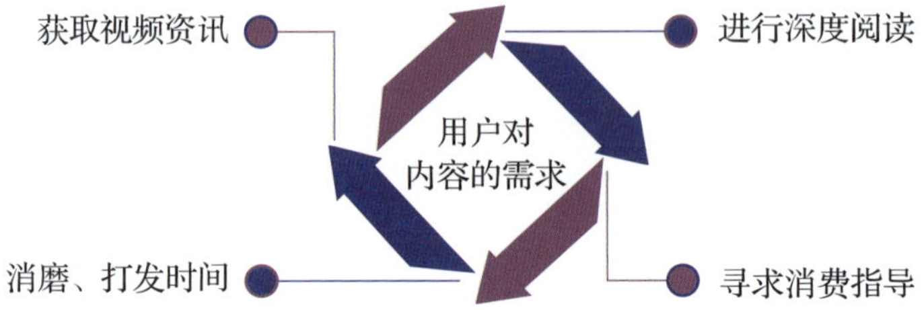

图 2 - 1 - 1　分析用户需求

（一）消磨、打发时间

就像玩游戏消遣一样，刷抖音、玩快手也是为了打发时间。既然是打发时间，自然要看一些有趣的内容，所以很多娱乐性、互动性的短视频平台很受欢迎。

（二）获取新闻资讯

现在人们看电视的时间越来越少，而且如果有新闻大事件，部分人群不会坐在电视机前看新闻，而是通过手机、电脑等获取新闻资讯。短视频不仅直观、明了，而且比图文内容生动、方便。多数用户倾向于观看资讯类短视频，这样不仅能实时掌握时事热点，还能节省时间。

（三）进行深度阅读

除了打发时间和获取一定的资讯以外，用户还可能通过观看知识讲解类短视频进行深度阅读。

（四）寻求消费指导

现在用户有购物需求时会上小红书、一条、什么值得买这类平台查看攻略。这个过程就是用户在寻求消费指导。通过这类平台，用户可以对一些产品的基本信息、优惠信息及购买价值等内容有基本的了解，从而决定是否消费。

二、用户需求分层

发现用户需求只是起点，还要进一步对“需求”和“用户”进行分析，甄别出“真实需求”和“粉丝用户”。“真实需求”是指要确定用户真正需要什么，而“粉丝用户”则是要找到对需求最敏感的用户。

用户需求可以分为基础需求、期望需求、兴奋需求和无差异需求四个层次。

三、挖掘用户痛点

在客户营销学中，消费者的痛点是指消费者在体验产品或服务过程中原本的期望没有得到满足而造成的心理落差或不满，这种不满最终使消费者产生负面情绪。从用户使用的角度出发，痛点即产品没有很好地满足用户的需求，导致不满。

短视频的内容也是如此，只有戳中了用户的痛点，才具有吸引力和说服力。但是想要戳中用户的痛点不是那么容易的，很多短视频创作者就是因为没有找准用户的痛点，弄错了用户的真正需求，才导致短视频运营效果不理想。挖掘用户痛点可以从深度、细度和强度三个维度展开。

【素质提升】

作为一名设计从业者，要想做好精准的用户需求定位，就要更多地去读懂生活、读懂用户，在不断实践中提升自己的专业素养和与人沟通的能力，创作出更新更好的短视频。

【知识测试与能力训练】

认真完成表 2 - 1 - 1 中的任务。

表 2 - 1 - 1　用户分析

任务主题	分析用户需求，挖掘用户痛点		
任务准备	调查报告		
组织形式	通过浏览各大短视频平台，搜集相关数据进行比较，得出结论		
结果呈现	以 Word 学习报告的形式在班级中进行交流		
任务评价	□ 优	□ 良	□ 差

【评价与反思】

在完成本学习任务后，通过小组会议的形式进行思考与总结。具体方式可以小组为单位撰写单元学习自评总结，提交 Word 学习报告，并推选代表在总评会上演讲，与其他小组进行相互点评，最后由教师进行总结评价。教学评价表见表 2 - 1 - 2。

表 2 - 1 - 2　教学评价表

序号	考核内容	考核标准	分值	学生自评	学生互评	教师评价
1	知识掌握	能完整地理解短视频用户的需求定位的相关知识	20			
2	知识运用	能够熟练、准确地运用所学知识完成后续任务	20			
3	学习态度	学习积极主动，态度认真	10			
4	课堂表现	遵守教学秩序	10			
5	自主学习	具有自学意识和动手实操能力	10			
6	能力提升	能分析用户需求，挖掘用户痛点	30			
7	总体评价					

任务二　短视频内容策划原则

【任务导学】

知识难点：短视频内容策划的原则。

知识重点：短视频内容策划的角度，内容的深度挖掘和可持续性发展。

【思维导图】

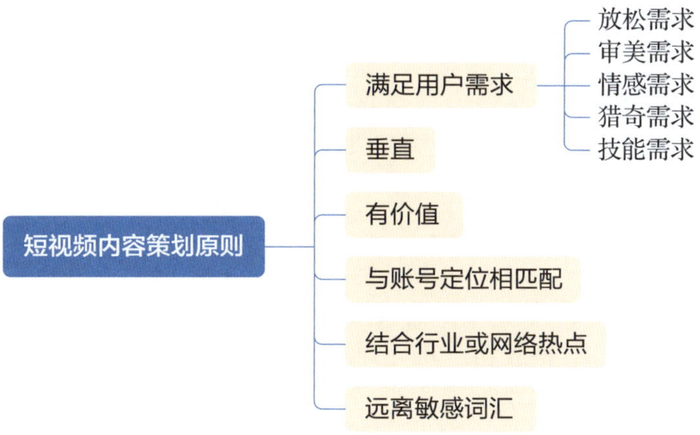

【基础知识全景体验】

一、短视频内容要满足用户需求

拍短视频的目的是吸引用户观看，因此短视频的内容不能脱离用户，要以满足用户需求为主。

用户观看短视频内容的需求可以划分成以下几大类。

（一）放松需求

在压力越来越大的现实生活中，能让人放松的泛娱乐类内容几乎对所有人都适用，比如找到一个有趣的段子，将其演绎出来。这类内容能够让用户感到轻松。

（二）审美需求

爱美是人之天性，短视频的时长较短，只要外表具有吸引力，很容易给观众带来心动的感觉，获得用户的好感。这类视频画面不仅要好看，还要有辨识度，可以是好看的人，也可以是美丽的风景，还可以是独具风格的物。

（三）情感需求

传递正能量的、有爱的短视频内容，往往可以唤起用户的爱心，让用户感到温暖。在传统媒体时代，对很多好人好事的报道限于报纸、电视等渠道，而在短视频时代，这类正能量的视频在短视频平台会获得很好的推荐，被更多人看到，满足用户情感需求。

（四）猎奇需求

现在越来越多的职业、技能，开始通过短视频展现在大家的眼前，如人们以前看到的魔术都只有表演，没有揭秘，现在短视频通过讲解和演示的方法把魔术表演出来并进行揭秘，从而满足人们的好奇心。

（五）技能需求

生活小妙招、工作技能、学习方法、育儿技巧、恋爱技巧之类的视频既可以充分利用用户的碎片化时间，又可以满足用户学习技能的需求，会获得更多用户的关注和点赞。

二、短视频内容要垂直

进行内容创作时一定要关注内容垂直度，它不仅能够帮助我们提高内容的吸引力，同时也能提高粉丝黏性，不易脱粉。确定某一内容领域后就不要轻易更换，否则会由于短视频账号的垂直度不够而导致短视频平台不能精准地向用户推送。因此，创作内容需要立足于某一个专业领域和自己的定位，专心服务目标用户，这样才能有立足之地。

三、短视频内容要有价值

输出短视频内容的时候还要注意内容的质量，这不仅是指内容给用户带来的价值，还包括用户观看之后的体验感。短视频领域有两类人——玩家和专家。玩家基本是短视频的消费者，专家基本是短视频的成功创业者。那些播放量、点赞量、评论量“三高”的优秀短视频，除了个别“偶然现象”，多数出自专业策划团队之手。短视频画质不清晰，字幕错别字太多，配乐不和谐都会降低用户的体验感。即便用户对内容比较感兴趣，也会因为质量问题而放弃观看，导致跳失率较高，从而影响短视频的运营效果。有价值的短视频内容才能得到用户的认可，短视频创作者输出的短视频内容对用户有价值，且满足了他们的需求，就能促使用户点赞、评论或转发，从而实现短视频的传播。

四、短视频内容与账号定位相匹配

短视频平台是根据短视频的标签定位进行推荐的，因此短视频内容要与账号定位相匹配，这样不仅可以提升短视频创作者在相关领域的影响力，而且能够吸引精准的用户，增强用户的黏性。

五、短视频内容要结合行业或网络热点

短视频可以结合时下网络中大火的梗，或温暖、正能量的新闻内容，也可以结合网络中让人感动、产生共鸣的新闻内容，让用户之间因为这个视频产生互动，展开讨论，从而提高短视频的关注度。短视频创作者要提升新闻敏感度，善于捕捉并及时跟进行业或网络热点，这样制作出来的短视频往往可以在短时间内获得大量的流量曝光，快速增加短视频的播放量，吸引用户关注。但是，并不是所有的热点都可以跟进，如果跟进不恰当的热点，就有违规甚至被封号的风险。

六、短视频内容要远离敏感词汇

现在短视频平台的用户越来越多，短视频内容良莠不齐，但网络不是法外之地，无论是相关部门还是短视频平台，对短视频的监管都越来越严格，因此制作短视频时一定不要触碰敏感词汇。每个短视频平台都对敏感词汇做出了规定，短视频创作者应多关注平台的动态，多查看平台官方发布的相关管理规范，以防因为触碰敏感话题而违规。

【素质提升】

艺术来源于生活，更要扎根生活，实实在在地走进民生，提升艺术感悟能力，树立正确的价值观。学会利用短视频弘扬正能量，这样才能够最大限度地获得用户的认可。

【知识测试与能力训练】

认真完成表 2-2-1 中的任务。

表 2-2-1 短视频内容策划原则

任务主题	短视频内容策划的角度，内容的深度挖掘和可持续性发展
任务准备	笔记本电脑
组织形式	通过观看各大短视频平台中的优秀短视频，进行分析总结，得出结论
结果呈现	以 Word 学习报告的形式在班级中进行交流
任务评价	□优　□良　□差

【评价与反思】

在完成本学习任务后，通过小组会议的形式进行思考与总结。具体方式可以小组为单位撰写单元学习自评总结，提交 Word 学习报告，并推选代表在总评会上演讲，与其他小组进行相互点评，最后由教师进行总结评价。教学评价表见表 2-2-2。

表 2-2-2 教学评价表

序号	考核内容	考核标准	分值	学生自评	学生互评	教师评价
1	知识掌握	能完整地理解和掌握短视频内容策划原则	20			
2	知识运用	能够熟练、准确地运用所学知识完成后续任务	20			
3	学习态度	学习积极主动，态度认真	10			
4	课堂表现	遵守教学秩序	10			
5	自主学习	具有自学意识和动手实操能力	10			
6	能力提升	能识别优秀的短视频内容并进行借鉴，生产出优质原创内容	30			
7	总体评价					

任务三　短视频内容策划定位

短视频内容策划定位

【任务导学】

知识难点：梳理自己擅长的领域，针对用户需求，深挖原创内容并坚持创作。

知识重点：短视频内容策划定位。

【思维导图】

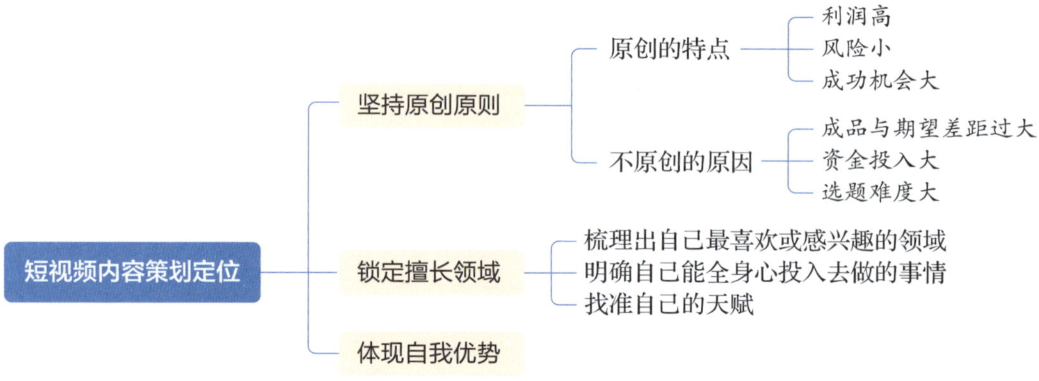

【基础知识全景体验】

一、坚持原创原则

很多短视频创作新手为了省事，经常搬运别人现有的短视频内容，但事实证明效果较差。这样即使能积累一定量的粉丝，也难以拥有自己的核心竞争力，也没有很强的粉丝黏性，进而影响后期的变现。只有坚持原创，才能拥有竞争力，比别人走得稳、走得远。

二、锁定擅长领域

要想让短视频持续火热，短视频创作者首先要客观地审视自己，锁定自己擅长的领域。可以从以下三个方面进行梳理，找到自己擅长的领域。

（一）梳理出自己最喜欢或感兴趣的领域

“兴趣是最好的老师”，这句话不仅适用于学习，也适用于短视频创作。在自己感兴趣的事情上，人们往往愿意花费更多的时间和精力，并能够坚持下去。有了长期的坚持，才能变得更加专业。

（二）明确自己能全身心投入去做的事情

短视频的创作和运营是一个长期的过程，只有明确自己能够全身心投入的事情，才能坚持更新高质量内容。

（三）找准自己的天赋

每个人都有自己的优势和专长，明确自己的优点，静下心来审视自己，思考自己做哪些事情最得心应手，如口才好、幽默，或逻辑性强、思路清晰等。每个人的时间和精力有限，在能施展自己天赋的领域发展，更容易获得成功。

三、体现自我优势

要想在短视频平台中迅速引流，创作者必须要利用知识的垂直精细化，利用相对稀缺的技能建立自己的壁垒，形成差异。了解自己账号定位与其他账号的区别，体现自己的优势，这样才能脱颖而出。

（一）分析短视频平台大号，找到差异化切入点

找到那些粉丝众多的短视频平台大号，分析它们的短视频受欢迎的原因，找出它们的特点和优势，并进行学习，找到自己的差异化切入点。

例如，某测评类抖音账号（见图2-3-1），该博主的职业背景是国际化学品法规专家，他在短视频中用科学的方法分析一些热门护肤品、化妆品、食品的成分表等，最终选出一些推荐品牌。目前，他已获得了众多粉丝和点赞数。博主利用自己的专业背景、科学的检测仪器、透明的检测结论为这个抖音账号的内容增加了可信度，同时建立了自己的壁垒，形成差异。

图2-3-1　某测评类抖音账号的主页

（二）根据品牌文化创作短视频

企业在短视频平台发布短视频时，要想用差异化内容吸引粉丝，就必须根据品牌文化制订长远的推送计划。

在创作短视频时，深挖品牌元素，体现品牌优势，通过短视频平台唤醒品牌影响力。如某手机品牌为了吸引粉丝，增强粉丝黏性，根据自己的品牌文化，做了一个抖音账号。该品牌同时通过短视频平台发起某话题活动，根据点赞量与作品质量，为前 10 名参与用户各送出新品手机一台。话题活动发起短短几天，就吸引了几万人参与，视频总播放量高达上亿次。

（三）账号定位

1. 内容一定要垂直

垂直类内容是指从账号搭建、内容制作到输出都应该是同一类内容。在各行各业不同领域的内容中做细分，专做一类内容，这样会让你更快脱颖而出，也会让你的优势不断放大，算法会更精准地给用户进行匹配推送，获得的流量就会更多。

2. 形成鲜明标签

标签的内容一定要切合视频内容。获得鲜明标签的前提是内容准确，如果丧失了准确度，内容太过宽泛，则会适得其反，无法体现自我优势。

（四）不要盲目跟风

每个作品一定要符合账号标签，不要盲目跟风，失去自己的优势。比如，美食类博主的标签必然要属于美食这一范畴，如定期发布"美味食谱""蛋糕""火锅""烘焙"等内容的短视频。

（五）选择合适的领域

1. 爱好且擅长的领域

选择爱好且擅长的领域进行运营，充分发挥自身优势，可以提高自身积极性，效果事半功倍。比如若想做美食博主，则可以考虑自身在西厨和中厨方面哪个更胜一筹，选择合适的领域。

2. 拥有独特资源的领域

在某一领域拥有独特资源，会对短视频的创作和运营提供帮助，可以借助这一资源优势，打造自己的短视频账号。

【素质提升】

选择自己喜欢和擅长的领域，端正思想，积极向上，全身心投入，提升自己的艺术创作能力，提高创新意识。

【知识测试与能力训练】

认真完成表 2-3-1 中的任务。

表 2-3-1 短视频内容策划定位

任务主题	梳理自己擅长的领域，针对用户需求，找准定位
任务准备	笔记本电脑
组织形式	浏览各大短视频平台大号的视频，进行分析，搜集相关数据进行比较，并根据自身特点找出擅长的领域，完成内容定位
结果呈现	以 Word 学习报告的形式在班级中进行交流
任务评价	□优　□良　□差

【评价与反思】

在完成本学习任务后，通过小组会议的形式进行总结与思考。具体方式可以小组为单位撰写单元学习自评总结，提交 Word 学习报告，并推选代表在总评会上演讲，与其他小组进行相互点评，最后由教师进行总结评价。教学评价表见表 2-3-2。

表 2-3-2 教学评价表

序号	考核内容	考核标准	分值	学生自评	学生互评	教师评价
1	知识掌握	能够完整并准确地理解和掌握短视频内容策划定位相关知识	20			
2	知识运用	能够熟练、准确地运用所学知识完成后续任务	20			
3	学习态度	学习积极主动，态度认真	10			
4	课堂表现	遵守教学秩序	10			
5	自主学习	具有自学意识和动手实操能力	10			
6	能力提升	能正确分析不同短视频的内容定位，并找准自己的定位	30			
7	总体评价					

任务四 短视频内容策划方法

短视频内容策划方法

【任务导学】

知识难点：人设打造的要点。

知识重点：优质短视频内容的创作。

【思维导图】

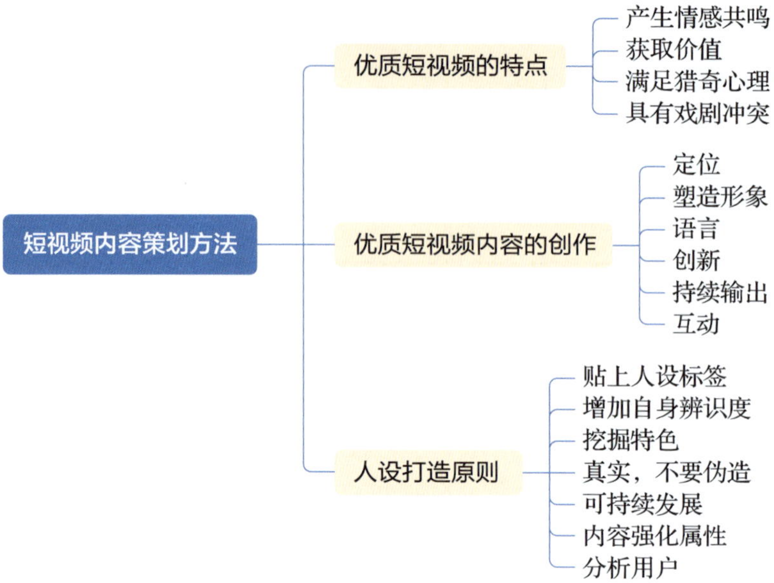

【基础知识全景体验】

一、优质短视频的特点

（一）产生情感共鸣

一个成功的短视频，其内容内核一定是能与大众产生情感共鸣的，这种情感依托于共同的经历、共同的生活环境以及共同的观念等。

（二）获取价值

一个优质的短视频，其内容是具有一定意义的，用户可以从中获取价值，如在视频里分享实用的生活技巧、知识等。

（三）满足猎奇心理

一个优质的短视频还可能是能满足人们猎奇心理的。人们对于没有见过或无法做到的事情会感到好奇，将这些内容巧妙地运用到短视频里，会吸引用户观看，满足用户的猎奇心理。

（四）具有戏剧冲突

优质的短视频往往会制造戏剧冲突，推动情节发展，激发用户观看的兴趣。强烈的反差带来的戏剧性和趣味性，会给人们留下深刻的印象，比如角色身份的转换、认知的转变、剧情的反转。

二、优质短视频内容的创作

（一）定位

要想短视频获得成功，就必须要对账号发展方向有一个清晰的定位，然后去定位目标用户群体和产品服务，以这种方式获取的用户转变为粉丝的可能性会更大。

（二）塑造形象

塑造自身的账号形象，有特色的形象会加深用户对账号的印象。比如设置一句有特色的口头禅，让用户产生记忆点，听到这句话就能想到这句话的出处。

（三）语言

短视频的创作也需要良好的语言能力，要能够把自己想要表达的内容清晰地传达给用户，能够将视频内容讲述得充满趣味性，提升用户的兴趣，将用户带入视频的情景当中，引起用户的共鸣。

（四）创新

对于内容的把握，要不断地推陈出新，只有好的创意才能不断地提升用户的兴趣，也能够提升自己创作内容的热情。时代在不断进步，信息流也在不断革新，如果不能紧跟时代的步伐，被用户所抛弃只是时间的问题。

（五）持续输出

要想实现用户的留存就要保持用户的活跃度，因此要稳定持续地输出内容。提升用户的兴趣需要大量的内容和长期的维护，以培养用户的惯性，留住用户。

（六）互动

要想得到更高的用户转化率，除了视频的质量要过硬，还需要通过与用户的互动不断地拉近与用户之间的联系，比如对用户的留言进行反馈，记住一些活跃度高的用户ID，不断地互动，让用户感受到自己被重视，提升黏性。

三、人设打造原则

（一）贴上人设标签

要想让别人快速熟悉你，最好的方式就是贴上标签，标签是熟悉一个人快捷的方式。

（二）增加自身辨识度

纵观各个领域的头部账号，都具有一定的辨识度。因此，在打造人设时，要让自身的形象更加鲜明，给用户留下深刻印象。

（三）挖掘特色

人设不是凭空想象出来的，而是应当从自身出发，基于自身已有的东西去做精选，挖掘自己的独特之处，可以是外表，可以是性格，还可以是特长等。

（四）真实，不要伪造

人设的选择要真实，不能弄虚作假，否则很有可能暴露，引起用户反感。但是可以有选择性地对要塑造的形象进行描述。

（六）可持续发展

一旦确立人设，就不能随便改变，长久坚持才能给粉丝形成清晰明确的形象。

（七）内容强化属性

通过视频内容，即通过环境、人物关系、动作等因素来强化人设属性。

（八）分析用户

结合创作者自身特点进行人物设定时，要充分考虑到该账号面向的主要受众人群。通过对目标群体的调研把握用户画像，从用户视角重新审视人设的标签，去掉一些目标人群偏好较少甚至排斥的标签。

【素质提升】

用户对短视频内容的需求是正能量、积极向上的，那么，在打造短视频人设时就需要遵循这一基本原则，自觉摒弃违背平台调性的、宣泄负能量的、触碰底线的内容，树立正确的价值观，提高艺术鉴赏能力。

【知识测试与能力训练】

认真完成表 2－4－1 中的任务。

表 2－4－1　任务单：短视频内容策划方法

任务主题	分析、总结优质短视频的特点		
任务准备	笔记本电脑		
组织形式	通过浏览各大短视频平台，观看优质短视频，进行比较分析，得出结论		
结果呈现	以 PPT 或小视频的形式在班级中进行交流		
任务评价	□ 优	□ 良	□ 差

【评价与反思】

在完成本学习任务后，通过小组会议的形式进行总结与思考。具体方式可以小组为单位撰写单元学习自评总结，提交 PPT 演示文稿，并推选代表在总评会上演讲，与其他小组进行相互点评，最后由教师进行总结评价。教学评价表见表 2－4－2。

表 2－4－2　教学评价表

序号	考核内容	考核标准	分值	学生自评	学生互评	教师评价
1	知识掌握	能完整并准确地理解和掌握优质短视频的创作和打造人设的原则	20			
2	知识运用	能够熟练、准确地运用所学知识完成后续任务	20			
3	学习态度	学习积极主动，态度认真	10			
4	课堂表现	遵守教学秩序	10			
5	自主学习	具有自学意识和动手实操能力	10			
6	能力提升	能根据自身特点打造合适的人设	30			
7	总体评价					

任务五　短视频热门内容

短视频热门内容

【任务导学】

知识难点：热门内容的特点。

知识重点：爆款短视频内容题材。

【思维导图】

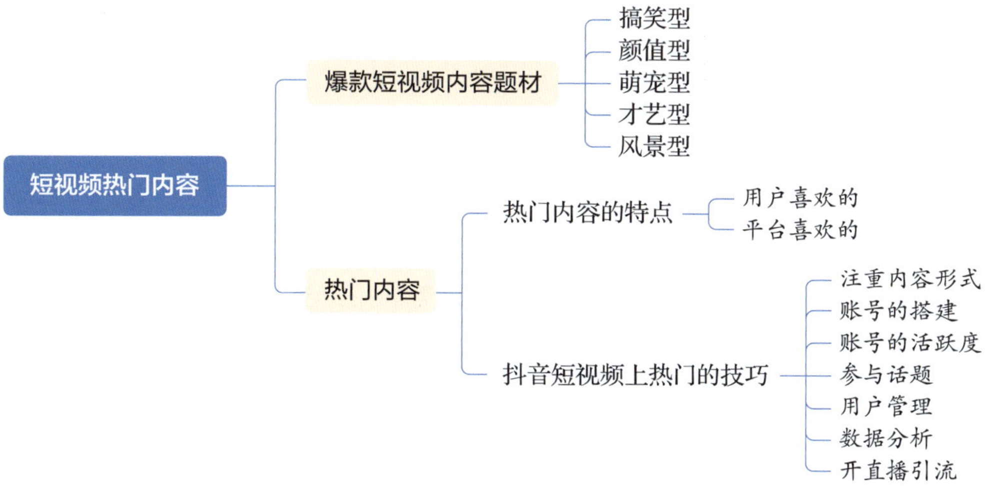

【基础知识全景体验】

一、爆款短视频内容题材

（一）搞笑型短视频内容题材

搞笑型短视频内容题材里面包含了所有娱乐类型，如相声、小品、笑话、脱口秀、反转剧情、失误镜头、奇葩事件等。

（二）颜值型短视频内容题材

在短视频领域，有颜值就会吸引人们的关注。当然，这个颜值不只包括长相，还包括会打扮、有气质、有魅力等。

（三）萌宠型短视频内容题材

家有萌宝或宠物也很吸引眼球，这种短视频内容题材的主要任务就卖萌。通过一个动作、一个表情，或者是一句配音，让用户觉得很可爱，吸引用户反复观看并点赞，从而使该短视频成为爆款。用户忍不住点赞或者看了又看，就会让你的视频爆火。

（四）才艺型短视频内容题材

才艺型短视频内容题材就是指突出某项才能，做别人不容易做到的事情。

（五）风景型短视频内容题材

风景型短视频内容题材就是拍一段段壮美恢宏的大自然景观，如大海、高山、冰雪、温泉、高原、沙漠、城市、乡村的景色，同时再配上一段合适的音乐，这样能充分调动用户情绪。现在很多旅行类的大 V 都是借助这类短视频内容题材火起来的。

不管做什么样的短视频内容题材，优质视频内容始终是最为重要的流量入口。不管是用短视频内容引流，还是深耕短视频内容，好内容都是前提。

二、热门内容

（一）热门内容的特点

1. 用户喜欢的

用户喜欢的短视频内容才有可能成为热门内容。用户会因为喜欢一个短视频内容而对其点赞，带动更多人观看，从成使该短视频成为热门。内容为王的时代需要我们在日常生活中用心观察用户的喜好，以此为依据产出优质的内容。

2. 平台喜欢的

短视频热门内容也和平台的“算法推荐”有关，这项由今日头条创造出来的核心技术，简单来说就是让“人找信息”变成“信息找人”。

以抖音的推荐机制为例，介绍一个视频作品是怎么被平台推上热门的。

一个非常契合用户喜好的视频被制作出来，先投放在500个用户的流量池里，这个视频在短时间内获得了一定的热度。平台监测到这个视频的互动数据，预测这个视频“有潜力”，就会把这个视频推送给更多的人。曝光的次数越多，视频的互动数据越好，这个视频就成为热门。

但是等过了这段自然关注量最多的时期，视频就算质量再好，也得从头开始推荐。唯一不同的是，账号已经积累了一定的粉丝，只要内容符合粉丝的喜好，仍会收获一定热度。

（二）抖音短视频上热门的技巧

1. 注重内容形式

要想上热门，内容一定是核心，要保证每一帧内容的质量。一个好的短视频作品应该具备以下三个要素：

（1）强内容。短视频平台的用户会面对大量的短视频，如果内容质量差，就会被其他短视频取代，无法留住用户。

（2）重音乐。要选择有趣、易传播的音乐，插入这类音乐的视频更容易得到推荐，获得更多流量。音乐能与情绪产生联系，实现多情绪调动，因此音乐与画面的搭配非常重要。要根据视频内容选择合适的音乐，同一条视频内容，用A音乐可能会火，用B音乐可能会适得其反。

（3）好标题。一个好的文案能够直达用户心灵，引起共鸣。好的标题可以吸“睛”，提高点击量，起到快速传播的作用。比如，运用直接式标题高度概括总结视频内容，使用夸张的词语设置标题（俗称标题党）吸引用户注意力，运用暗示式标题引发用户好奇心，等等。总之，用心构思策划的好标题才能脱颖而出，吸引用户观看视频。

2. 账号的搭建

账号的搭建主要包括账号资料的完善和主页搭建等，如头像、昵称、个性签名、年龄的设置、封面图和背景图的设计等。

3. 账号的活跃度

每个平台都喜欢活跃的用户，对外公布数据时侧重表现平台的日活、月活等，因此保持账号的活跃度是非常重要的。具体可以通过多与他人账号保持互动、多发布优质的短视频作品等来保持。

4. 参与话题

点击进入“抖音小助手”官方页面，可以看到很多抖音官方推送的话题互动。在发布短视频时，选择合适的话题参与。应多参与话题互动，尤其是和自己账号定位相关的话题。

5. 用户管理

引导用户点赞，回复用户评论和私信，增加用户的黏性。

6. 数据分析

（1）做好账号定位。千万不要盲目跟风，看见什么火就做什么，这是很难成功的。找自己感兴趣的、擅长的、有资源支撑的领域去做更易于可持续发展。

（2）打造人设。结合内容基调与受众喜好，打造人设。

（3）主页的搭建。精美的背景图、好看的头像、好听易记的昵称、有趣的简介、封面等，更容易吸引用户的关注。数据统计分析显示，当用户点击进入抖音个人主页时，视频封面更好看的账号，会吸引用户产生多次点击的欲望（播放量），并且能够提高用户的关注量（粉丝量）。

7. 开直播引流

一场好的直播不仅可以带货、增加粉丝黏性，同时还可以涨粉，每一个进入直播间的未关注用户都是潜在粉丝。除此之外，还可以联系其他主播进行连线等。

此外，也可以运用其他运营上的一些操作，比如评论区互动、互关、站外的推广引流等。

【素质提升】

于细微处彰显精神，在平凡中成就大我。以责任为笔、真情为墨，真情实感地创作短视频，就能带给人正能量，引起用户内心深处的共鸣，并在这个过程中提升自己的创作能力和生活感悟能力。

【知识测试与能力训练】

认真完成表 2－5－1 中的任务。

表 2－5－1　任务单：短视频热门内容

任务主题	分析、总结短视频的内容		
任务准备	笔记本电脑		
组织形式	通过浏览各大短视频平台热门内容，比较分析它们的共性和特点，得出结论		
结果呈现	以 PPT 或小视频的形式在班级中进行交流		
任务评价	□ 优	□ 良	□ 差

【评价与反思】

在完成本学习任务后，通过小组会议的形式进行总结与思考。具体方式可以小组为单位撰写单元学习自评总结，提交 PPT 演示文稿，并推选代表在总评会上演讲，与其他小组进行相互点评，最后由教师进行总结评价。教学评价表见表 2－5－2。

表 2-5-2 教学评价表

序号	考核内容	考核标准	分值	学生自评	学生互评	教师评价
1	知识掌握	能完整并准确地理解和掌握短视频上热门的方法	20			
2	知识运用	能够熟练、准确地运用所学知识完成后续任务	20			
3	学习态度	学习积极主动，态度认真	10			
4	课堂表现	遵守教学秩序	10			
5	自主学习	具有自学意识和动手实操能力	10			
6	能力提升	能正确分析自媒体短视频爆款内容的特点，并加以借鉴	30			
7	总体评价					

项目三

手机拍摄技巧

项目综述

手机是现代人随身携带的通信工具，同时也是最便捷的拍摄工具，能让人们随时观察并记录生活中的点点滴滴。随着手机技术的日益成熟和手机价格的下降，手机拍摄日益普及。如何用手机拍摄出好视频、好作品，成为许多博主和用户需要了解的问题。本项目主要学习短视频拍摄的思维与创意、设备准备，以及手机拍摄技巧等内容，通过实训提升人物、光影等方面的拍摄技巧。

任务一 短视频拍摄思维与创意

短视频拍摄创意

【任务导学】

知识难点：借用电视广告制作技巧来完成短视频拍摄的创意构思。

知识重点：短视频拍摄思维。

【思维导图】

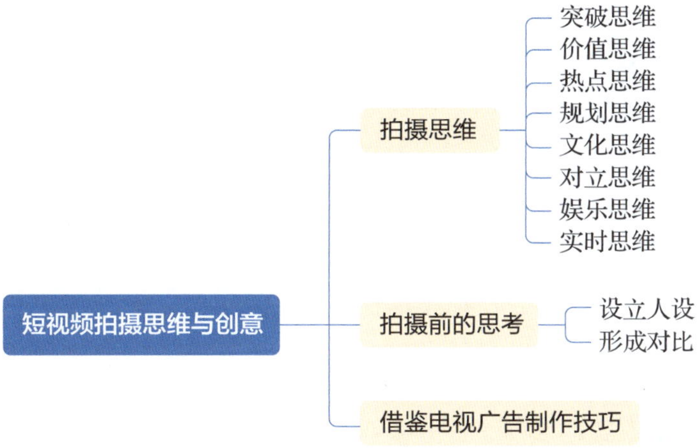

【基础知识全景体验】

一、短视频拍摄思维

（一）突破思维

观看优秀的短视频，思考别人的展现形式能不能拿来用，音乐、文案、拍摄手法等适不适合自己的视频。多看多想，但不能照抄照搬，要对视频的内容、展现形式等都有所创新，融入自己的见解和想法，不断超越其他同行。

（二）价值思维

视频内容要有价值，要对别人有所帮助，能够让人学到东西，或者能够让人产生感动、共鸣等情绪反应。如果你的视频发出来对粉丝没有价值，那么就无法吸引用户点赞、评论、转发和关注。

（三）热点思维

拍摄短视频要有热点思维。热点话题流量大、认知高，很容易吸引用户。

（四）规划思维

拍摄短视频要具有规划思维，规划好短视频的内容、表现形式和拍摄手法等，这样在后续拍摄过程中会更有条理。

（五）文化思维

展现中华优秀传统文化的视频内容往往会得到更多人的喜爱，在拍摄短视频时要具有文化思维，融入文化元素，可以从内容或形式等方面加以展现，使短视频具备文化底蕴。

（六）对立思维

短视频时长一般较短，做不到面面俱到。在这种情况下，就要抓住重点进行拍摄，可利用对立思维制造冲突，突出所要展现的内容。

（七）娱乐思维

图文时代要有内容思维，粉丝看了作品内容要有收获。而短视频时代要有娱乐思维，内容固然重要，但也要有趣味性，能让人感到开心、放松，可以采用独特的拍摄手法、创意的表现形式等来进行拍摄，让视频具有娱乐性。

（八）实时思维

拍摄短视频要具有实时思维。很多新闻话题都具有时效性，因此拍摄某一热点题材时，要时刻关注其动态，将最新内容展现出来。

二、拍摄前的思考

（一）设立人设

根据自己的特点定位自己的标签，打造人设，常见的人设标签有以下几类。

1. 人物分类标签

如闺蜜、情侣、父母、宠物、孩子、虚拟形象等。

2. 外在形象人设

这类的视频具有相似的风格，比如服装、妆容都是一致的。

3. 说话方式人设

如开场语都是用方言来讲。

4. 背景音乐人设

个性的专属音乐，每个视频都使用同样的背景音乐来不断强化在粉丝心中的形象。

5. 性格、情绪人设

如乖巧、严肃、豪爽、欢乐等性格、情绪。

6. 特长兴趣人设

特长兴趣也可以打造成我们的人设，如健身、美容、旅游、美食、搭配、唱歌、摄影等。

7. 职业技能人设

每个人都有属于自己的行业，比如医生、律师、程序员等，有一些职业的人的生活状态是很多人所不了解的，因此这种职业类的视频是比较受欢迎的。

（二）形成对比

《抖音思维》一书中说，用户喜欢的内容分为 4 类：情节好看、内容有趣、情节有实用性、内容温暖能引发共鸣。但是不同用户群体的兴趣点有所不同，因此就要有对比。

1. 视频主题形成对比

以女生服装为例，每个视频的主题方向要有所不同：可以是穿搭干货，也可以是结合营销点推出个性穿搭，还可以是服装展示。

2. 视频形式形成对比

比如拍摄女生背包，可以是背包的搭配，也可以是背包探店，还可以是背包拍摄指南等。

3. 视频拍摄场地形成对比

拍摄时，不要仅局限于一个场地。可以在室内，也可以在室外，时常换换风格，用户能够更加喜爱，避免视觉疲劳。

4. 视频封面、文案形成对比

视频都是先拍摄，再剪辑，最后成片。在这个过程中要选择合适的视频封面和方案，可以用暖心文案做封面，也可用海报做封面，等等。

5. 视频配乐形成对比

配乐很重要，合适的配乐可以让用户观看更长时间。配乐可以是流行歌曲，也可以是真人献唱，只要与内容搭配或让用户有情感共鸣即可。

三、借鉴电视广告制作技巧

最早的短视频形式其实就是我们常看的电视广告，只是电视广告更偏向于产品宣传，而短视频更偏向于内容传播。这里以商品宣传为例，从电视广告制作的技巧中，总结以下几点适用于短视频拍摄的创意。

（1）通过简洁明了的示范，突出产品独特的优点，可以和同类产品互相比较，使产品的优点更加明显。

（2）邀请知名专家代言，借名人来证明产品的真实性和优点，能够让受众更好地相信产品功效。用名人的公众影响力，来提高产品知名度，吸引目标受众的目光，刺激购买欲。

（3）采用纪录片的手法，通过真实的画面，展示产品的生产过程。

（4）采用微电影的形式，通过故事来表现产品与受众之间的关系，激发受众的兴趣。

（5）用幽默风趣的表现形式宣传产品的特点，在轻松愉快的气氛中，受众能更好地接受广告信息并在脑海中留下深刻印象。

（6）通过设置悬念，引发受众的好奇心，使他们的注意力更加集中，然后顺势引出产品。

（7）加强视觉、听觉等感官上的冲击力度，在音响、画面等方面加强渲染，给受众留下难忘的印象。

（8）运用夸张手法，提出问题，然后自然地引出产品，提供解决难题的方法。

（9）结合时事热点，找到社会热点与产品的联系，引出产品的主题，搭上流量快车。

【素质提升】

充分发挥短视频的优势，提升自己感知美、欣赏美、创造美的能力，全面提高自己的审美和人文素养，树立正确的艺术观和创作观，创作出优秀的作品。

【知识测试与能力训练】

认真完成表 3－1－1 中的任务。

表 3－1－1　短视频拍摄思维与创意

任务主题	熟练掌握短视频拍摄思维		
任务准备	笔记本电脑		
组织形式	浏览平台多款爆款短视频，剖析不同类型短视频拍摄思维		
结果呈现	以 PPT 形式在班级中进行交流		
任务评价	□ 优	□ 良	□ 差

【评价与反思】

在完成本学习任务后，通过小组会议的形式进行总结与思考。具体方式可以小组为单位撰写单元学习自评总结，提交 PPT 演示文稿，并推选代表在总评会上演讲，与其他小组进行相互点评，最后由教师进行总结评价。教学评价表见表 3－1－2。

表 3－1－2　教学评价表

序号	考核内容	考核标准	分值	学生自评	学生互评	教师评价
1	知识掌握	能完整并准确地理解和掌握短视频拍摄的思维与创意	20			
2	知识运用	能够熟练、准确地运用所学知识完成后续任务	20			
3	学习态度	学习积极主动，态度认真	10			
4	课堂表现	遵守教学秩序	10			
5	自主学习	具有自学意识和动手实操能力	10			
6	能力提升	独立完成短视频作品创意点的剖析	30			
7	总体评价					

任务二 短视频拍摄前准备

短视频拍摄准备

【任务导学】

知识难点：拍摄团队人员组建。

知识重点：短视频拍摄要做的前期准备。

【思维导图】

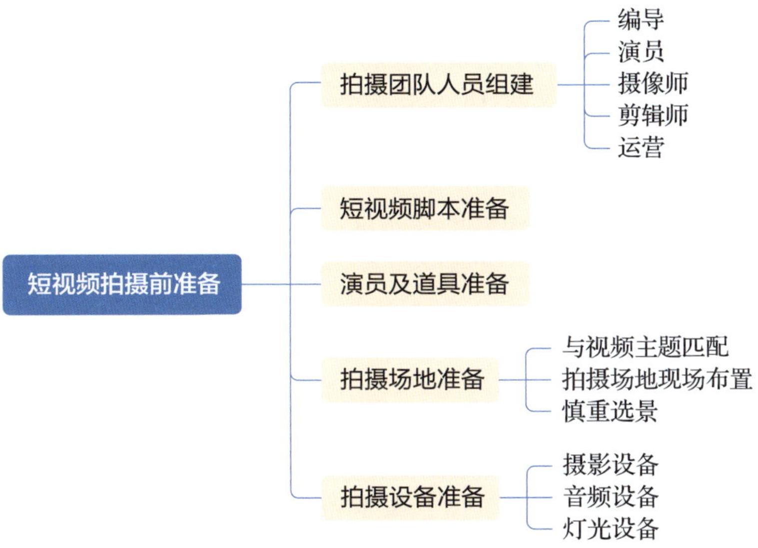

【基础知识全景体验】

一、拍摄团队人员组建

现在短视频的制作大多从独自完成转变为团队合作，因为这样更具专业性。要完成一个专业的短视频，拍摄团队需要以下成员配置。

（一）编导

编导是统领全局的角色，要对短视频的主要风格、内容方向、脚本、拍摄和剪辑等进行全方位统筹。从字面上理解，编导就是编排和导演，前期的剧本编写、拍摄、后期的剪辑处理，都需要编导参与。编导的能力往往是最强的，一个人身兼多职，如果对比大型电视剧或者电影，编导可以算得上是总导演。也可以说，编导的能力决定了整个视频的质量好坏。

（二）演员

演员需要具备表现人物特点的能力，根据短视频的主题，选择符合短视频情节的人物形象。很多时候，团队成员也可以扮演演员的角色。

（三）摄像师

优秀的摄像师是短视频成功的基础，其能力都是通过镜头语言来表现的。一个优秀的摄像师能通过镜头完成导演分配的拍摄任务，并给剪辑提供丰富的原始素材，完美地达到拍摄目的。

（四）剪辑师

剪辑师主要负责短视频的后期制作。一般情况下，在短视频拍摄完成后，剪辑师需要对拍摄的素材进行整合，利用一些视频剪辑软件为短视频配乐、配音以及添加特效等。后期制作可以将杂乱无章的片段进行有机组合，形成一个完整的作品。

（五）运营

短视频制作完成后，如何获得高的曝光量，如何管理用户反馈等，这些都是运营人员的工作范畴。如果没有优秀的运营人员，无论多么精彩的短视频，都很难被看到。

二、短视频脚本准备

简单地讲，脚本是故事的发展大纲。短视频脚本相当于短视频的灵魂，有助于把握整个短视频的故事走向。想要创作优质的短视频，短视频脚本的准备很关键。

短视频脚本一般分为拍摄提纲、文学脚本和分镜头脚本，它们分别适用于拍摄不同类型的短视频。其内容包括故事发生的时间、地点，故事中的人物，每个人物的台词、动作及情绪的变化，等等。

三、演员及道具准备

演员根据文字脚本进行表演（如唱歌、跳舞等），并根据剧情特色演绎剧情。短视频拍摄所选择的演员大多是非专业的，在这种情况下，一定要根据短视频的主题慎重进行选择。演员和角色的定位必须要一致，对一个优质的短视频而言，演员贴合角色很重要。不同类型的短视频对演员的要求也不同，举例如下：

（1）搞笑类短视频。

一般要求演员的表情比较夸张，演员可以用喜剧性的方式生动地诠释台词。

（2）故事叙述类短视频。

这类视频对于演员的肢体语言表现力及演技要求较高。

（3）美食类短视频。

美食类短视频要求演员能自然地表现出美食的诱惑力，以达到突出短视频主题的目的。

（4）生活技巧类、科技数码类、影视混剪类短视频。

这类视频对演员没有太多演技的要求，但其内容往往是非常丰富的。

演员的选择对短视频最后的效果有着重要的影响。如何才能选到一个合适的演员呢？要对短视频脚本中的人物形象加以理解。比如，人物的设定需要会弹钢琴，在挑选演员的时候就要选择一个具备此项技能的。

道具是指拍摄短视频时所用的器物，如乐器、手机、杯、壶、服装、文具、护肤品、桌、椅、书画、古玩等。

四、拍摄场地准备

在短视频拍摄的过程中，拍摄场地也十分重要。怎样准备合适的拍摄场地可以从以下几方面入手。

（一）挑选适合短视频主题风格的拍摄场地

挑选拍摄场地时，除了考虑所选拍摄场地的实际情况是否适合拍摄外，还需要考虑拍摄场地是否与短视频的主题风格一致。挑选的拍摄场地既要与拍摄需求相符合，也要具备合适的光线条件以及一些有特点的场景，这样可以有效避免在拍摄过程中造成资源浪费（见图 3－2－1）。

图 3－2－1　拍摄场地

（二）拍摄场地现场布置

拍摄短视频时不仅要选择好拍摄场地，更重要的是对拍摄场地的现场布置。现场布置是拍摄短视频时的前期准备，能确保拍摄工作正常进行。现场氛围与拍摄主题统一，可以帮助没有太多拍摄经验的新人演员快速入戏，取得良好的拍摄效果，从而提高拍摄效率，节省成本。

（三）慎重选景

拍摄短视频时，选景一定要慎重，避免因场景选择不当而影响短视频的质量，或者因突发情况而导致拍摄中止，造成损失。

五、拍摄设备准备

短视频拍摄的新手并不需要购买高端的相机或补光灯等专业的拍摄设备，手机的拍摄功能很强大，许多品牌的手机基本可以满足一般的拍摄需求。因此在初期资金紧张的情况下，可以使用手机来代替相机进行拍摄。当然，专业的视频拍摄还是需要一些专业的拍摄设备（见图 3－2－2）。

图 3－2－2　拍摄设备

【素质提升】

在学习短视频拍摄的各个环节的同时，要明白任何环节都要以人为本，善于发现重点和关键点。

【知识测试与能力训练】

认真完成表 3－2－1 中的任务。

表 3－2－1　短视频拍摄前准备

任务主题	掌握短视频拍摄前的准备流程		
任务准备	笔记本电脑		
组织形式	通过浏览各大短视频平台，搜集相关数据进行比较，得出结论。		
结果呈现	绘制思维导图		
任务评价	□ 优	□ 良	□ 差

【评价与反思】

在完成本学习任务后，以小组会议的形式进行总结与思考。具体方式可以小组为单位撰写单元学习自评总结，提交思维导图，其他小组进行相互点评，最后由教师进行总结评价。教学评价表见表 3－2－2。

表 3－2－2　教学评价表

序号	考核内容	考核标准	分值	学生自评	学生互评	教师评价
1	知识掌握	能完整并准确地理解和掌握本任务所学的短视频内容	20			
2	知识运用	能够熟练、准确地运用所学知识完成后续任务	20			
3	学习态度	学习积极主动，态度认真	10			
4	课堂表现	遵守教学秩序	10			
5	自主学习	具有自学意识和动手实操能力	10			
6	能力提升	按照特定主题模拟进行拍摄前的准备工作	30			
7	总体评价					

任务三　短视频构图基础

短视频构图基础

【任务导学】

知识难点：构图的基本原则。
知识重点：构图观念。

【思维导图】

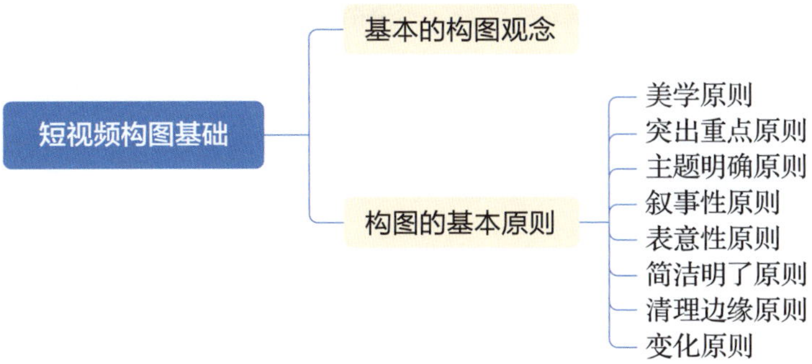

【基础知识全景体验】

一、基本的构图观念

构图是指作品中艺术形象的结构配置方法。它是造型艺术表达作品思想内容并获得艺术感染力的重要手段。在视觉艺术如绘画、平面设计与摄影中常用到构图技巧。为了表现作品的主题思想和美感效果，在一定的空间内，通过安排和处理人、物的关系和位置，把个别或局部的形象组成艺术的整体。构图在中国传统绘画中被称为“章法”或“布局”。在摄影中，根据拍摄题材和主题思想的要求，把眼前现有的景物，适当地进行规划、组织和排列，并利用相机的成像技术特点进行渲染，使之形成一个协调、完整，具有一定艺术形式的画面，称为构图。

短视频拍摄离不开构图，将现实生活中三维立体的世界，通过相机镜头再现在二维平面上，通过对画框内景物的取舍与光线的运用，起到突出主体、聚集视线、美化的作用。在这个过程中，虽然存在着很多随机的、个人化的创作理念和画面处理方式，但仍存在一定的原则和规律，这些技巧和手段能够使我们直观、有效地表达视频的主题内容。如图 3－3－1 所示为渔夫划船的一段短视频，视频画面采用斜线构图拍摄，渔夫划船的方向与画面对角线平行，具有一种动感的美，同时斜线的纵向延伸可加强画面深远的透视效果，给人以独特的视觉效果。

图 3－3－1　构图案例

二、短视频构图的基本原则

在创作过程中，会出现虽然掌握了一些构图方法，但拍出来的作品效果仍然不理想的情况。这并非构图方法不实用，而是因为构图方法是有基本原则的。在短视频拍摄构图过程中，需要掌握一定的基本原则，才能拍摄出优秀的短视频。

（一）美学原则

短视频构图要遵循美学原则，要使画面具备形式上的美感。构图时应发挥绘画的艺术表现力，即运用对比、衬托、渲染等形式来增强作品的审美效果。如图 3－3－2 中的色彩对比不仅能增强画面的艺术感染力，更能鲜明地反映和升华主题。

图 3-3-2 美学原则

（二）突出重点原则

无论采用哪种构图方法，都需要突出重点。拍摄短视频是为了表达情感或呈现场景，这些情感或场景都需要被突出。无论采用何种构图方式，视觉的聚集点一定要在我们想突出的重要元素上。

（三）主题明确原则

对于大多数观众而言，观看短视频都是一次性的，这就要求短视频画面所要表现的主题一定要明确，主体对象一定要突出。评价一个构图的水平，主要看对主体的表现力如何，与画面其他部分是否配合得当，是否能明确表达主题。

（四）叙事性原则

构图要便于把故事讲清楚，不能影响叙述的清晰度。作品中涉及的事件、人物、场景造型要有真实感，这样才会使观众有认同感。同时，叙述故事时应该注意把握连续镜头画面的构图处理，使画面构图与构图之间配合良好。

（五）表意性原则

短视频艺术不是对现实生活的简单复制，而是倾注了创作者情感体验的再创造，因此构图也要能体现主创者的情感意识和主体意识。

（六）简洁明了原则

短视频画面不能像摄影图片那样容纳很多内容，它必须简洁，且能够说明主题。每个镜头画面内容不能面面俱到，要在画面内进行选择、提炼，舍弃一些杂乱的、无关紧要的景和物，并恰当地选择陪体和环境，从而使作品更完善。

（七）清理边缘原则

在构图前需要先取景，也就是想好让什么样的画面出现在取景器中，然后思考怎样构图可以让画面更和谐。清理边缘就是清理画面边缘处琐碎的东西，避免分散观众注意力或给观者以杂乱的视觉感受。

（八）变化原则

前面讲的构图原则主要是针对短视频中的单幅画面而言，而对于由许多画面组成的整个短视频的构图，则需要遵循变化原则，即根据不同的画面选择相应的构图。

【素质提升】

结合色彩、造型、结构，提升对视频元素的把控能力，以及对人与环境、人与物、物与物之间关系的感悟能力和审美能力。

【知识测试与能力训练】

认真完成表 3-3-1 中的任务。

表 3-3-1　短视频构图基础

任务主题	熟练掌握构图方法		
任务准备	笔记本电脑		
组织形式	搜集国内外摄影作品，并从构图角度进行比较		
结果呈现	以调查报告的形式在班级中进行交流		
任务评价	□ 优	□ 良	□ 差

【评价与反思】

在完成本学习任务后，以小组会议形式进行总结。具体方式可以小组为单位进行总结，提交 PPT 演示文稿，并推选代表在总评会上演讲，其他小组进行相互点评，最后由教师进行总结评价。教学评价表见表 3-3-2。

表 3-3-2　教学评价表

序号	考核内容	考核标准	分值	学生自评	学生互评	教师评价
1	知识掌握	能完整并准确地理解和掌握短视频构图相关内容	20			
2	知识运用	能够熟练、准确地运用所学知识完成后续任务	20			
3	学习态度	学习积极主动，态度认真	10			
4	课堂表现	遵守教学秩序	10			

续表

序号	考核内容	考核标准	分值	学生自评	学生互评	教师评价
5	自主学习	具有自学意识和动手实操能力	10			
6	能力提升	根据所学，选择适合的构图进行拍摄	30			
7	总体评价					

任务四 拍摄技巧——人物篇

短视频拍摄要求与技巧

【任务导学】

知识难点：手机拍摄的技巧。

知识重点：构图的种类与方法。

【思维导图】

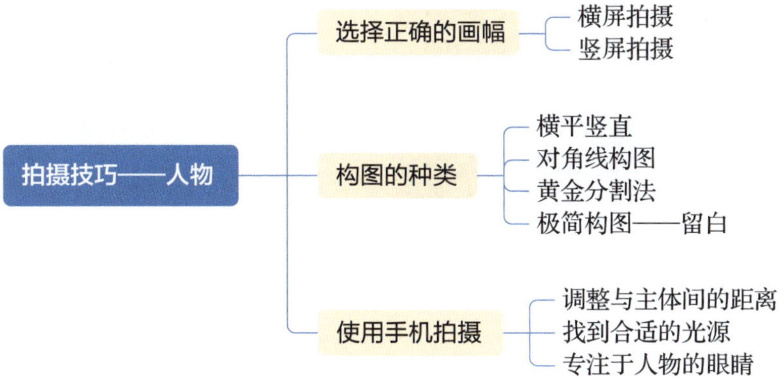

【基础知识全景体验】

一、选择正确的画幅

手机可以横屏拍摄和竖屏拍摄，在不同的视频需求下选择合适的画幅，能更好地展现作品。

（一）横屏拍摄

人的眼睛是水平方向的，在水平方向的视野要大于垂直方向，因此横屏拍摄能给观众展现更多的画面内容，不会造成视觉疲劳。在拍摄大海、蓝天、绵延的山脉以及人物群像时多选择横屏拍摄，以更全面地表现画面的雄伟、广阔，展现人物的不同特点等，营造不同的画面氛围，使画面层次丰富，如图 3－4－1 所示。

（二）竖屏拍摄

竖画幅构图呈现上下延伸的视角，有利于将画面上下内容更好地融合在一起，以此表达画面主题。竖屏拍摄的作品纵深感强，能更好地体现出画面主体的高大、挺拔等特点，如女性拍照想要展现身材时就可选用竖屏拍摄，如图 3－4－2 所示。短视频的流行也将竖屏照片、视频更迅速地带入我们的生活。相对于横屏的长视频、电影来说，竖屏短视频显得“短小精悍”。

图 3－4－1　横屏拍摄

图 3－4－2　竖屏拍摄

二、构图的种类

手机摄影的灵魂是构图，优秀的构图奠定了拍摄画面的整体立意框架。

（一）横平竖直

横平竖直是摄影中最基本的构图法则，当画面中出现明显的线条时，横线要拍平，竖线要拍直。线条东倒西歪的图片，看起来不稳定，线条不平行对视觉注意力的影响很大，只有在线条保持横平竖直的情况下，才能更好地突出主体。

把横平竖直运用到人物摄影中，能巧妙地突出主体。相较于风景的拍摄，在拍摄人物时摄影师需要根据不同的拍摄环境来找各种不同的辅助线，作为水平线或竖直线的参考线。如果模特在室内拍摄，那么桌子、椅子、沙发、柜子等都可以作为辅助线；在室外拍摄时可以将石板路、台阶等作为辅助线进行拍摄，如图 3－4－3 和图 3－4－4 所示。

图 3-4-3 台阶拍摄

图 3-4-4 石板路拍摄

（二）对角线构图

对角线构图是指，将主体或主体的延伸趋势，沿画面对角线展布。这种构图方法能轻易地为画面创造动感，在拍摄某些题材时非常适用。

使用对角线构图时，人们的视觉被打破画面平衡的斜线吸引，从而使斜线部分在画面中被突出强调。将对角线构图运用于人像摄影，有不同的表现形式，比如将人物合理地安排在对角线位置，或让人物的肢体形成对角线等，见图 3-4-5，也可以利用楼梯、台阶这些天然的斜线来拍摄人像。

（三）黄金分割法

黄金分割法，就是将主体置于画面分割线交叉产生的四个点位置。这些位置是视觉的兴趣点，比较容易引起观者的注意，而且可以避免因长时间观看而产生视觉疲劳。当拍摄对象以线条形式出现时，可以将其置于画面三等分的任意一条分割线位置上；当拍摄对象在画面中以点的形式出现时，则可将其置于三等分分割线的四个交叉点位置上，见图 3-4-6。目前，有些手机有黄金分割的示意图，可以开启此功能，便于构图。

图 3-4-5 对角线构图

图 3-4-6 黄金分割

（四）极简构图——留白

极简构图，也称留白，是指在作品中留下相应的空白，重点突出画面中的主体，使画面构图简洁、协调，给人留下丰富想象空间的艺术表现手法，这是一种令人感到耳目一新的构图方式。拍摄中，越是把所有的物体、人物、线条、形状等塞满画面，观众就越会感到无所适从。不能忽略的一点是：只要运用得当，留白也同样是富有吸引力的构图方式。

留白构图的目的是突出强调画面中的主体（人或景物），舍弃那些烦琐、次要的东西，并恰当地安排陪体，使主体明确展现。而留白正是这种做减法的构图方式，减去不必要的元素，突出拍摄表达主体，如图 3－4－7 所示。

极简构图需要摄影者充分发挥自己的想象力，发掘每一类元素的特性，在舍与得的选择上做到随机应变，通过大胆设想以及大量的实践拍摄，获得更多的经验。

图 3－4－7　留白案例

不同的留白面积会让画面获得不同的效果，要注意把握留白与实体部分之间的比例，避免画面太空或太散的现象出现。当留白面积大于主体面积时，会使画面看起来更富有意境，这种构图方式在许多富有诗情画意的风光摄影中很常见。当留白面积小于主体面积时，留白在面面中多是对主体的一种衬托，可以让观者更注意主体的形象和细节。

在拍摄人物时，留白能给整体画面带来简洁的美感，以及丰富的想象空间。比如在人物视线的方向留白，可以补充人物的视线空间，使观者的视线朝着人物的视线方向延伸，增添画面的趣味性，如图 3－4－8 所示。

图 3－4－8　极简构图

三、使用手机拍摄

使用手机拍摄人像时可以借助以下几种摄影技巧。

（一）调整与主体间的距离

一个好的摄影技巧是尝试用拍摄主体填充画面。如果你正在拍摄人物肖像并且只想要主体的头部和肩膀，可以靠近拍摄对象，直到拍摄对象的两侧和上方都只剩下较小的空间。

（二）找到合适的光源

明亮的阳光会产生强烈的暗影，如果拍摄角度不对，可能会给人的脸部带来非常不讨喜的效果。在阴天拍摄人物照片要容易得多，因为无论拍摄主体面向哪个方向，光线都不会发生太大变化。最好的拍摄条件是背景、主体和相机都被阳光直射遮蔽。对于在室内拍摄人像，大窗户被认为是很好的光源，也可以使用一些反光板调整光线。

（三）专注于人物的眼睛

手机相对于拍摄对象眼睛的高度影响着主体的最终成像效果。当拍摄主体高度较高时，可以考虑让他们坐下或摄影师站在更高处，以使二者视线保持在同一水平线上。拍摄时可以手动选择位于模特一只眼睛上方的自动对焦点，或使用中央对焦点将焦点锁定在拍摄主体的眼睛上，以实现拍摄效果。

【素质提升】

学会用手机拍摄，提升自己感知美、欣赏美、创造美的能力，全面提高自己的审美能力和人文素养，树立正确的艺术观和创作观，从而创作出优秀的作品。

【知识测试与能力训练】

认真完成表 3－4－1 中的任务单。

表 3－4－1 拍摄技巧——人物篇

任务主题	学习用手机拍摄
任务准备	手机，模特
组织形式	根据所学知识，进行拍摄练习。
结果呈现	以照片合集的形式在班级中进行交流
任务评价	□ 优　　□ 良　　□ 差

【评价与反思】

在完成本学习任务后，以小组会议的形式进行总结与思考。具体方式可以小组为单位进行作品的拍摄，提交作品集，并推选代表在总评会上汇报，其他小组进行相互点评，最后由教师进行总结评价。教学评价表见表 3－4－2。

表 3-4-2　教学评价表

序号	考核内容	考核标准	分值	学生自评	学生互评	教师评价
1	知识掌握	能完整并准确地理解和掌握用手机拍摄人物的技巧	20			
2	知识运用	能够熟练、准确地运用所学知识完成后续任务	20			
3	学习态度	学习积极主动，态度认真	10			
4	课堂表现	遵守教学秩序	10			
5	自主学习	具有自学意识和动手实操能力	10			
6	能力提升	能选择适合的构图进行人物拍摄	30			
7	总体评价					

任务五　拍摄技巧——光影篇

【任务导学】

知识难点：利用光影拍摄照片的方法。
知识重点：光的种类与使用方法。

【思维导图】

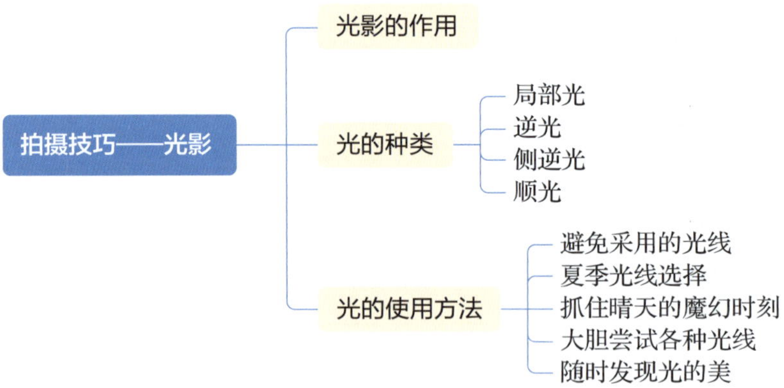

【基础知识全景体验】

一、光影的作用

光影是摄影中一个很重要的元素，光影的刻画能让我们的照片更具艺术感。通过拍摄对象、拍摄角度的选择，加上光线的组合，明暗对比，摄影作品会如同绘画一样，充满艺术魅力。

阳光在一天中各个时间段的颜色是不同的，清晨和黄昏的光线以暖色为主，晴天正午的阳光发白，傍晚日落时分的光线则以冷色为主，这就是光线的色彩变化，在不同时间光线的色温是不同的。

“摄影就是用光的艺术”，用光对手机拍摄来说十分重要。从用光的角度去考虑拍照，拍摄出来的照片会更美，同时画质也会大大提升，与相机拍摄画质的差距也会缩小。在光线较差的环境里，手机与相机拍摄画面质量相差会很大，而在光线足够好的环境里，好的拍摄技巧可以大大缩小两者之间的差距。案例欣赏如图 3 - 5 - 1 所示。

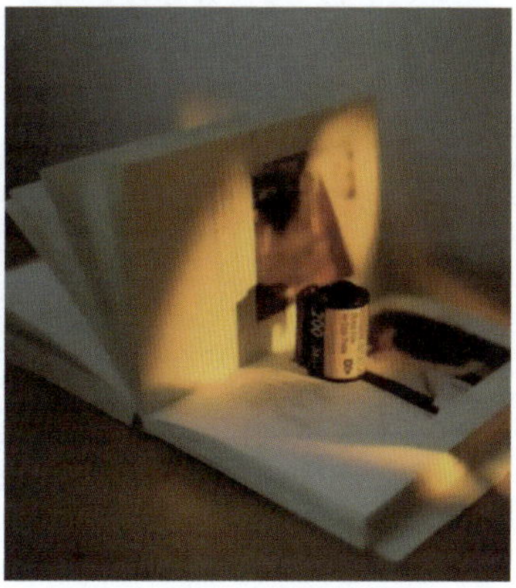

图 3-5-1 案例欣赏

二、光的种类

摄影中的用光分为局部光、逆光、侧逆光、顺光。

（一）局部光

利用局部光线映照在拍摄对象上，达到突出画面主体的效果，同时会在画面上形成鲜明的明暗对比，使画面中的主体更加抓人眼球。在局部光线环境下拍摄物体时，我们需要调整好拍摄角度，将镜头对焦在画面中比较亮的位置，手动对焦时，尽量拉低画面亮度，防止曝光过度。

（二）逆光

逆光拍摄可以清楚地将物体的轮廓勾勒出来。逆光拍摄就是用手机摄像头对着光源的方向拍摄，逆光下，被拍摄对象会被光源照亮，从而形成一个美丽的高光轮廓，使之看起来具有立体感，面面也会显得更加通透，如图 3 - 5 - 2 所示。在逆光拍摄时，要做到准确曝光，由于画面背景光线比较亮，我们可以将感觉度设置为 100，之后对拍摄对象进行锁定对焦，以此来保障主体轮廓清晰地呈现在画面中。在进行逆光拍摄时，光线可以和物体处于同一水平面上，这样能够有效突出物体轮廓。我们也可以选择在日出以及日落时分拍摄，这时太阳光线比较柔和，并且没有多余光线。同时，我们还要注意被拍摄对象与光源之间是否有其他物体遮挡，要保障光源与拍摄对象之间的直接联系，避免影响拍摄效果。

（三）侧逆光

侧逆光能够突出拍摄对象的轮廓，能够较好地表现出被拍摄对象的立体感，并且画面层次丰富，更具有空间感。侧逆光拍摄静物时，可以在亮光处进行对焦，也可以在画面暗部进行对焦，二者会呈现出不同的效果。当对焦在画面亮光处时，画面的色彩会更鲜亮，明暗对比的效果也就更强烈，物体轮廓更加分明；当对焦在画面阴暗处时，画面中的色彩会弱化，使整体画面显得更加柔和，拍出光晕感，如图 3-5-3 所示。不同的光，会带来不同的效果，会为拍摄出来的照片注入不同的灵魂。

图 3-5-2 逆光

图 3-5-3 侧逆光

（四）顺光

大多数人拍照都喜欢使用顺光，这是一种很简单的光线，对初学者来说，非常容易掌握，也是手机拍照最常用到的光线。但由于这种光线使用非常普遍，会让人感觉最没有个性。顺光照射的画面过于平正，缺乏明暗之分，往往使景物主体与背景的色调融合，缺乏立体感。但如果想要表现画面的清晰度，这种光线是最适合的。顺光虽然平淡无奇，但能给人明亮、清朗的感觉，能清晰展现拍摄对象的细节，如图 3-5-4 所示。

图 3-5-4 顺光

三、光的使用方法

（一）避免采用的光线

当需要展现被拍摄的色彩和细节时，应避免采用如下光线：

（1）昏暗的弱光。

（2）太过刺眼的强光。

（3）偏色严重的光线。

（二）夏季光线选择

夏季，早上八点钟或者下午五点钟的阳光，对于专业相机拍摄来说，算不上是刺眼的强烈光线，但对于手机拍摄则相反。当在刺眼的强光下拍摄时，应注意以下几点：

（1）若想获得最好的色彩和细节层次，建议使用白纸或白纱巾遮挡、过滤光线，以使光线变得柔和。

（2）采用顺光拍摄的效果会很平淡，建议采用侧光或逆光来表现强烈的光影对比。

（三）抓住晴天的魔幻时刻

在晴天，日出（日落）之前和之后各有半个小时的时间，非常适合拍摄风景和人像，被称为魔幻时刻。尤其是对于手机来说，在魔幻时刻拍摄能够获得非常不错的色彩、细节层次和成像质量。

（四）大胆尝试各种光线

正常阳光下，用手机拍摄色彩鲜艳的景物，效果往往不尽如人意。反而是薄云遮日或雨后的阴天更适合拍摄。作为真正的手机摄影爱好者，应大胆尝试使用各种光线进行拍摄。案例欣赏见图 3－5－5。

（五）随时发现光的美

有经验的手机摄影爱好者在逛景区时，会选择迎着光线走的路线，即便行走的方向是背对着光线，他们也会回头看，以寻找合适的逆光进行拍摄。

在面对阳光进行拍摄时，应注意避免阳光直射。阳光直射镜头会造成光晕、光串，影响画面色彩。当然，如果你很喜欢光晕效果，也可以有意让阳光直射到镜头上，只是拍摄时需要仔细调整拍摄角度，以获得最佳效果，如图 3－5－6 所示。

图 3－5－5　案例欣赏

图 3－5－6　拍摄角度

【素质提升】

提升自己感知美、欣赏美、创造美的能力，培养艺术创新意识，大胆尝试，创作出优秀的作品。

【知识测试与能力训练】

认真完成表 3－5－1 中的任务。

表 3-5-1　拍摄技巧——光影篇

任务主题	学习“光的运用”
任务准备	笔记本电脑
组织形式	欣赏获奖摄影作品，从光影角度进行比较，得出结论。
结果呈现	以 PPT 或小视频的形式在班级中进行交流
任务评价	□ 优　□ 良　□ 差

【评价与反思】

在完成本学习任务后，以小组会议的形式进行总结与思考。具体方式可以小组为单位撰写单元学习自评总结，提交 PPT 演示文稿，并推选代表在总评会上演讲，其他小组进行相互点评，最后由教师进行总结评价。教学评价表见表 3-5-2。

表 3-5-2　教学评价表

序号	考核内容	考核标准	分值	学生自评	学生互评	教师评价
1	知识掌握	能够完整并准确地理解和掌握光影的使用技巧	20			
2	知识运用	能够熟练、准确地运用所学知识完成后续任务	20			
3	学习态度	学习积极主动，态度认真	10			
4	课堂表现	遵守教学秩序	10			
5	自主学习	具有自学意识和动手实操能力	10			
6	能力提升	利用光影知识进行手机拍摄	30			
7	总体评价					

任务六　拍摄技巧——创意篇

【任务导学】

知识难点：用手机拍摄创意照片的技巧。

知识重点：创意思路。

【思维导图】

- 拍摄技巧——创意
  - 什么是创意
  - 创意与摄影
    - 创意与摄影的关系
    - 拍摄中的创意
  - 创意思路
    - 用色彩打动人
    - 用构图打动人
  - 创意技巧
    - “借位”“错位”拍摄
    - 巧用“前景”“中景”“背景”拍出空间层次感
    - 利用“长曝光”拍出流光效果

【基础知识全景体验】

一、什么是创意

创意是进行作品创作的基础，是进行独具个性的精神劳动的动力。创意包括内容方面的创意和形式方面的创意，内容创意指的是新的价值和情感，形式创意指的是新的表达方式。想象是创意的基础，如看见云能想象到花，看见晚霞能想象到锦缎，耳边吹过风就能想象到季节的气息等。只有借助想象，打破固有思维，才能创造出独具鲜明个性的作品，如图 3-6-1 所示。

图 3-6-1　创意

创意已经成为视觉文化中必不可少的一部分，是大众媒体高度关注的重点，不断地创新才能够紧跟社会发展，满足大众需要。我们拍摄照片、短视频等作品的最终目的是说服受众，吸引观众点赞、评论、转发和讨论。无创意，不内容。创意可以使说服的过程更有趣，更具有感染力和冲击力，创意可以为我们的内容赋能。因此，在创作内容、拍摄的时候，就需要多一些想法，多一些创意。相关案例如图 3－6－2 所示。

二、创意与摄影

（一）创意与摄影的关系

在艺术世界里，摄影作为一门新兴的艺术形式，有其独特的艺术魅力。摄影兼具科学性及艺术性，摄影首先依赖科学技术（摄影设备）进行拍摄，所拍摄的内容则是提炼生活表象的艺术作品（创意创新），如图 3－6－3 所示。

图 3－6－2　创意案例欣赏

图 3－6－3　创新创意

（二）摄影中的创意

1. 创作者本身的文化气质决定了作品创新的个性

文化孕育艺术的气质，创作者本身的文化气质就是作品创新的度量衡。摄影作品的生命力，反映了摄影者的创作思维和学习激情，摄影者必须不断拓宽自己的视野，并将新知识、新理念运用在自己的创作中，才会使创意思维在作品中有更深刻的体现。可以这样说，创意是衡量摄影者对世界认知度和包容度的尺度。

2. 注重细节表达是摄影创意的基本手段

在进行摄影创作时，要对作品有清晰的认知和准确的定位，除了熟练地运用摄影技术技巧和造型语言，创作者还要善于倾注自己的情感，渗透更强的个人情绪。创作中注重细节的表达和处理，才能展现生活中最具代表意义以及最美的一面，从而带给人们赏心悦目的艺术享受。摄影也需要用细节传递摄影者本身的情感，需要通过细节来展现更真实的世界。

3. 突破个人思维局限，对题材进行深层挖掘是作品创新的重要环节

摄影作为个体的视觉造型艺术，要注重个性化的表达。创新从创作者的逆反思维开

始。逆反的思维方式，是在继承和借鉴传统的基础上进行的一种反传统的思考方式。这种思维锐意求新，完全不羁于传统的摄影理论和法则。

摄影的创意，不但需要对题材进行细节的“微距”观察，还需要对世界艺术氛围的“广角”观测，更需要创作者突破个人思维的局限。我们不仅要在艺术形式与艺术技巧上创新，更要在作品的思想内容上大胆创新，创作出内容丰富、思想性强、富于时代精神且具有较强艺术感染力的摄影作品。案例欣赏如图 3－6－4 所示。

图 3－6－4　逆向思维

三、创意思路

（一）用色彩打动人

在摄影创作中，通过色彩对比来突出主体是最常用的手法之一。无论是利用自然的或人工布置的场景，还是通过后期软件进行修饰，都可以获得明显的色彩对比效果，从而突出主体对象。在对比色彩搭配中，最明显也最常用的就是冷暖对比。一般来说，在画面中暖色会给人向前的感觉，冷色则有后退的感觉，这两者结合在一起就会有纵深感，并使画面更具有视觉冲击力，如图 3－6－5 所示。

在色相环上临近的色彩相互配合，如红、橙、黄，蓝、青、绿，红、品红、紫，绿、黄绿、黄等，如图 3－6－6 所示。因为它们反射的色光波长比较接近，不至于明显引起视觉上的跳动，所以它们相互配置在一起时，不但没有强烈的视觉对比效果，反而会显

图 3－6－5　对比色

图 3－6－6　色相环

得和谐、协调，使人们感到平缓与舒展。需要指出的是，相邻色构成的画面较为协调统一，难以给观者带来较为强烈的视觉冲击力，这时可依靠景物独特的形态或精彩的光线为画面增添视觉冲击力。

（二）用构图打动人

摄影创作中，往往需要考虑多种因素，比如构图、光线等，每个因素都对摄影创作的质量水平有着直接的影响。摄影人员被真实意象所吸引时，可以巧妙地运用构图将视觉形象表现出来。

应用构图，可以使创作内容的内部结构得以充分体现，并将内部和外部的结构统一呈现出来，进而有效凸显摄影对象。摄影创作过程中构图旨在将图像中的人和物予以强调和突出，并摒弃一些琐碎或者表面的东西，或者是进行合理的安排。合理、科学地进行构图，可以将摄影创作中的内容更加突出以及完美地表现出来，进一步提升艺术效果，传达自身的思想和情感。在应用摄影构图的过程中，需注意的是，主体必须要突出，最好能将摄影创作的主体主次分明地表现出来，从而最大限度地确保构图的稳定性。案例欣赏如图 3-6-7 所示。

在进行摄影创作时，若应用构图，则应注重遵循相应原则。在内容上遵循简练的原则，在选择拍摄内容时，应将表达主体放在突出位置，剔除多余的部分。想要做到这点，摄影人员需要具备敏锐的观察能力，以对周围的事物有全面的了解，从而在内容上做到尽可能地简化。同时要对拍摄形式结构的相关性原则予以充分重视，摄影构图往往涉及很多内容，如线条、形状等，若能将这些要素合理地联系，并有效地组合在一起，就能够将主题完美地表现出来。另外，还应遵循摄影构图表现手法的多样化原则，以此来丰富表达内容，比如可以对重复、夸张等手法进行合理应用，使作品变得更加丰满，如图 3-6-8 所示。

图 3-6-7　案例欣赏

图 3-6-8　多样化构图

四、创意技巧

（一）“借位”“错位”拍摄

借位和错位是利用拍摄角度对实际拍摄效果加以修饰的摄影方法。在不同的角度拍摄同一个场景时改变演员、道具和布景的相对位置，通过调整人和人，或者人和物之间距离的远近及姿势的搭配，可以营造出不同的效果，如图 3 - 6 - 9 和图 3 - 6 - 10 所示。

图 3 - 6 - 9　借位

图 3 - 6 - 10　错位

（二）巧用前景、中景、背景拍出空间层次感

前景处在主体前面，靠近相机位置。运用前景拍摄的物体可以是树木、花草，也可以是人和物。前景在风光摄影中的作用是比较强大的，前景掩映主体，整个空间被拉长，变得更加立体，更具有纵深感、透视感和层次感，如图 3 - 6 - 11 所示。

通常一张风光照片的主体都是放在前景与中景之间的，因此中景的处理也非常重要。中景部分是色调变化的中心地区，运用前景和远景为中景服务，能达到表达主题思想的目的，如图 3 - 6 - 12 所示。

图 3 - 6 - 11　前景

图 3 - 6 - 12　中景

背景的作用是将景物扩展以烘托意境，加强画面的美感，增强感染力，使观者有充分的想象空间。

（三）利用“长曝光”拍出流光效果

曝光是一种长时间开启快门的摄影技巧，它能让场景中移动的物体呈现出模糊的效果，如图 3-6-13 和图 3-6-14 所示。

图 3-6-13　长曝光效果图 1

图 3-6-14　长曝光效果图 2

【素质提升】

提升自己的审美能力和人文素养，提高艺术创作能力，树立正确的艺术价值观，创作出优秀的作品。

【知识测试与能力训练】

认真完成表 3-6-1 中的任务。

表 3-6-1　拍摄技巧——创意篇

任务主题	掌握创意拍摄技巧		
任务准备	笔记本电脑		
组织形式	搜集摄影作品进行比较，得出结论		
结果呈现	以 PPT 或小视频的形式在班级中进行交流		
任务评价	□ 优	□ 良	□ 差

【评价与反思】

在完成本学习任务后，以小组会议的形式进行总结与思考。具体方式可以小组为单位进行拍摄实践，提交拍摄的作品，并推选代表在总评会上讲解，其他小组进行相互点评，最后由教师进行总结评价。教学评价表见表 3-6-2。

表 3-6-2 教学评价表

序号	考核内容	考核标准	分值	学生自评	学生互评	教师评价
1	知识掌握	能够完整并准确地理解和掌握创意拍摄相关知识	20			
2	知识运用	能够熟练、准确地运用所学知识完成后续任务	20			
3	学习态度	学习积极主动，态度认真	10			
4	课堂表现	遵守教学秩序	10			
5	自主学习	具有自学意识和动手实操能力	10			
6	能力提升	能用手机拍摄创意照片	30			
7	总体评价					

任务七 拍摄技巧——夜景篇

【任务导学】

知识难点：用手机拍摄夜景图片的技巧。
知识重点：夜景拍摄模式和构图方式。

【思维导图】

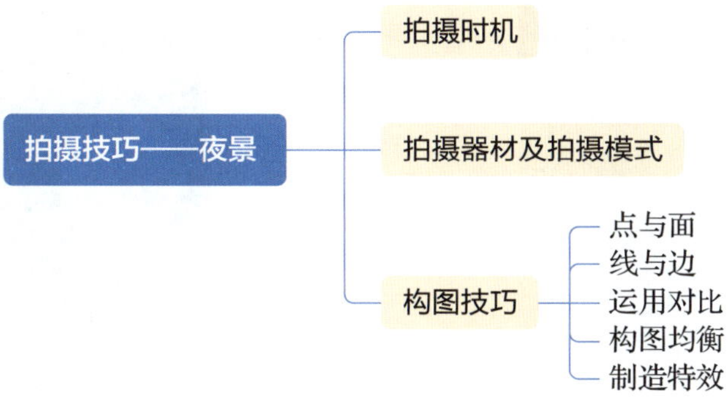

【基础知识全景体验】

一、拍摄时机

拍摄夜景的最佳时间是黄金时间和蓝调时间，参考图 3-7-1。

图 3－7－1　夜景

黄金时间是指在日出或日落前后的 40 分钟左右，在这个时段拍摄的画面的曝光比较均匀，色调也比较柔和，色彩从蓝色到黄色过渡得非常自然、舒服。

蓝调时间是指在日出前 30 分钟和日落后 30 分钟左右，此时的天空会呈现比较饱和的蓝色，并且还有一定的高光。天空和灯光的反差不是很大，此时拍摄出来的照片细节丰富、色彩饱满。

以前把控时间需要根据日出日落的时间进行推算，随着技术的发展，现在只需要利用巧摄中国版 App（见图 3－7－2）或者莉景天气小程序（见图 3－7－3）等辅助软件来查询黄金时间和蓝调时间。这两款软件功能丰富，并且有很强的逻辑性，操作简单方便，可以有效地帮助把控夜景拍摄的最佳时间。

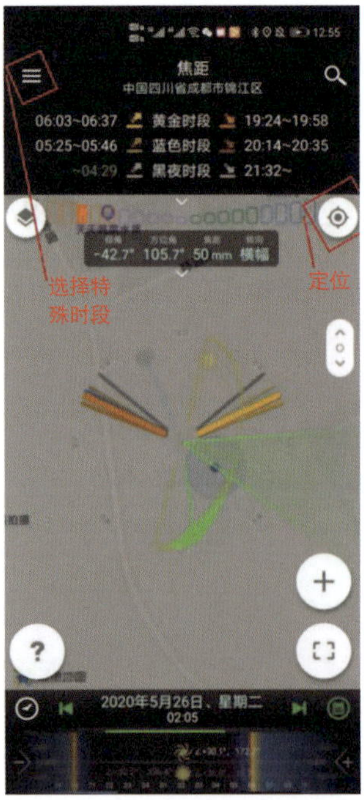

图 3－7－2　巧摄中国版

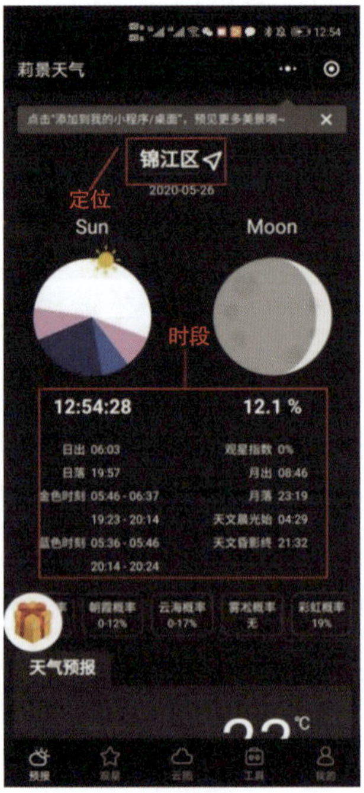

图 3－7－3　莉景天气小程序

二、拍摄器材及拍摄模式

（一）拍摄器材：三脚架

尽管很多高端机型都拥有夜景模式，而且支持手持拍摄，但如果想得到更出色的画质，还是建议使用三脚架。手机的夜景模式通过机内算法来实现，简单地说，就是在照片曝光的时间内，手机会拍摄大量素材照片，然后通过一系列算法把多张照片合成为一张，从而实现增加曝光和降低噪点的效果，提升照片的画质。如果手持设备拍摄，曝光时间一般在 1 ～ 3 秒；如果使用三脚架拍摄，曝光时间可长达 30 秒。

（二）拍摄模式

1. 夜景模式

现在不少手机都具备夜景拍摄模式，操作很方便，手持拍摄即可。但使用手机夜景模式拍摄时，持机不仅要稳，而且整个曝光过程都要保持稳定。在暗光环境下，手机会自动开启夜景模式。点击手机横屏时左下角带有月亮的图标，右侧会出现一个调整曝光时间的滑块。手持拍摄的曝光时间一般在 1 ～ 3 秒，保持手机稳定然后按快门拍摄就可以得到一张不错的夜景照片。

2. 专业模式

如果手机不具备夜景模式，也可以用专业模式拍摄。所谓专业模式就是可以手动调整快门速度、感光度（ISO）等参数的拍摄模式。

具体参数的调整没有固定模式，一般来说感光度调整到 100 以内，快门速度可以根据现场光线的强弱来调整。比如可以先设置 10 秒拍一张照片，然后再根据曝光效果进一步调整。一般试拍两三张后就能找到一个恰当的参数组合。

3. RAW 格式

RAW 英文原意是原材料未加工，在摄影领域就是原始数据的意思。因为 RAW 格式照片是原文件，所以相对于普通的 JPG 格式照片来说，RAW 格式在后期处理时可以还原出更多的细节。RAW 格式如图 3－7－4 所示。

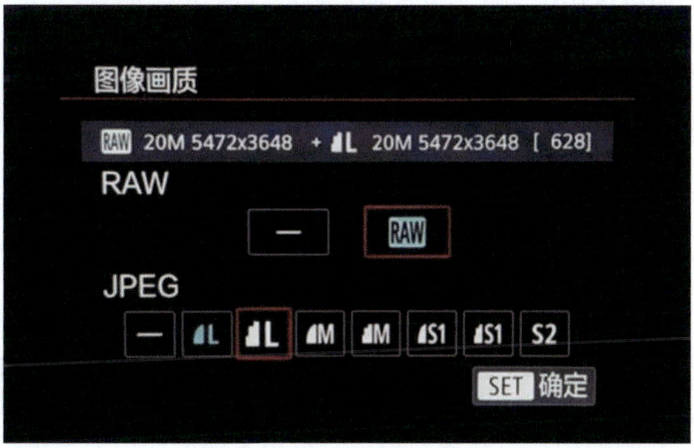

图 3－7－4　RAW 格式

三、构图技巧

要想获得一幅优秀的城市夜景作品，良好的构图是取得成功的关键，常用的构图技巧如下。

（一）点与面

自然界的各种景色，在画面效果上最终都可以看成是点、线、面、形态、质感、色彩等要素在一定形式下的组合。任何一幅风光作品，无论其场景、气势多么宏大，都要有一个关注点，这个关注点实际上就是画面的主体，也是画面的视觉中心和趣味中心。

在构图时，视觉中心的主体必须处在画面的黄金分割线附近，而且要比较突出。同时还要关注主体（点）与陪体（面）的关系，使二者协调融合，相互呼应。

（二）线与边

要充分利用城市建筑、水系、地形、地貌所形成的曲线、直线、折线等几何线性特征在画面上形成引导线，将人们的注意力引向画面的某个趣味中心；或者在画面上形成不同的韵律和一定的节奏，用来强调画面的美感。

（三）运用对比

对比是指在摄影构图中运用对立统一的思维，在画面中表达、刻画某一特定的主题，以达到画龙点睛、凸显要义的功效。在城市夜景拍摄中，常用的对比手法包括大小对比、繁简对比、虚实对比、明暗对比、动静对比等。

（四）构图均衡

均衡是摄影构图的一项基本原则，是色彩、线条、影调、形体等造型因素相互配合构成的一种视觉效果，是产生稳定感的条件。摄影构图中的均衡包括形体均衡和影调均衡。形体均衡是指在摄影画面中运用实际形体的主宾相互配合而形成的画面均衡。影调均衡是指在摄影画面中运用影调深浅配合而形成的画面均衡。

在安排摄影画面构图时，为使其均衡，产生稳定效果，应注意画面形式。从画面形式来看，照片一般可分为竖幅、横幅和方形等。画面形式的选择不应随意而定，应服务于画面的内容。即使是对同一题材，不同的画面形式也会产生不同的画面效果。

（五）制造特效

制造特效是指长时间曝光拍摄。在城市夜景摄影中运用长曝光拍摄最多的场景是移动的车流。车辆移动的轨迹为画面增加动感，效果如同用光进行作画一般，如图 3－7－5 所示。拍摄时要配合使用三脚架和快门，将相机的拍摄模式设为 M 挡，快门设为 B 门，感光度设置为 100，白平衡设为自动，对焦方式为手动对焦，对焦点选择在画面的主体上。要想让车流灯光连成线，可以选用 4 ～ 12 秒曝光时间，这样既不会让灯光过曝，又可以在画面中连成线条。拍摄时可用不同的快门速度多试拍几张，找到最佳方案。在选择拍摄位置时，应选择路线长、有弯道、红绿灯少的位置，尽量不要选择在有红绿灯的路口拍摄。

图 3-7-5 动感效果

【素质提升】

迷人的夜景给人无限遐想，让人回味无穷，准确掌握拍摄夜景的技巧，锲而不舍地实践从而拍摄出理想的夜景，创作出让自己满意的作品，提升欣赏美、创造美的能力。

【知识测试与能力训练】

认真完成表 3-7-1 中的任务。

表 3-7-1 拍摄技巧——夜景篇

任务主题	掌握拍摄夜景的构图技巧		
任务准备	笔记本电脑		
组织形式	搜集相关摄影作品进行比较，得出结论。		
结果呈现	以 PPT 或小视频的形式在班级中进行交流		
任务评价	□ 优	□ 良	□ 差

【评价与反思】

在完成本学习任务后，以小组会议的形式进行总结与思考。具体方式可以小组为单位进行拍摄实践，提交拍摄的作品，并推选代表在总评会上讲解，其他小组进行相互点评，最后由教师进行总结评价。教学评价表见表 3-7-2。

表 3-7-2　教学评价表

序号	考核内容	考核标准	分值	学生自评	学生互评	教师评价
1	知识掌握	能够完整并准确地理解和掌握夜景拍摄技巧	20			
2	知识运用	能够熟练、准确地运用所学知识完成后续任务	20			
3	学习态度	学习积极主动，态度认真	10			
4	课堂表现	遵守教学秩序	10			
5	自主学习	具有自学意识和动手实操能力	10			
6	能力提升	运用构图技巧拍摄夜景作品	30			
7	总体评价					

任务八　分镜头基础

【任务导学】

知识难点：利用分镜头进行拍摄创作的方法。

知识重点：1. 分镜头的定义。

2. 分镜头的景别类型以及作用。

3. 分镜头的使用方法。

4. 脚本写作中的分镜头思维。

【思维导图】

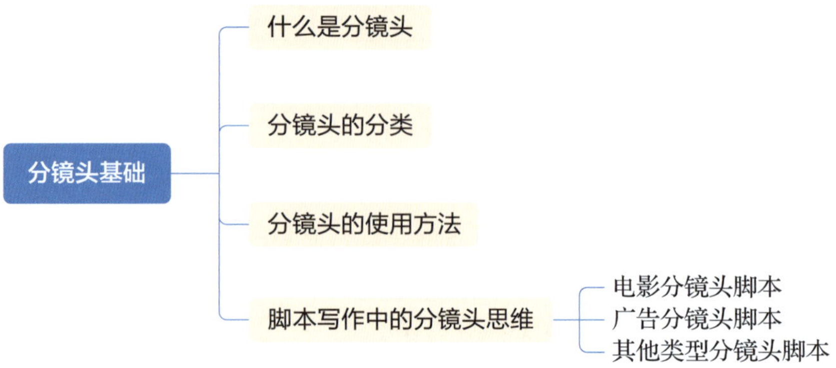

【基础知识全景体验】

一、什么是分镜头

分镜头简单来说就是一个直观的多元镜头，将画面分解成几个镜头来进行表现，利用多个不同视觉、不同景别、不同运镜方式的单一镜头，对主场景进行细致的刻画描写，加深人们的视觉感官印象。分镜头有两种表现形式：一种是以画面呈现的形式，称为故事版；另一种就是以文字表格呈现的形式，称为分镜头脚本。

二、分镜头的分类

（1）根据视觉距离的不同分为远景、全景、中景、近景、特写等。
（2）根据摄像机镜头的运动方式不同分为推、拉、摇、移、跟、升、降等。
（3）根据表现方法不同分为主观镜头和客观镜头。
（4）根据拍摄角度不同分为仰拍、平拍和俯拍的镜头。
（5）根据镜头的时间长短不同分为长镜头和短镜头。

三、分镜头的使用方法

两个景别衔接所展现的画面不能有太大跨越性，否则容易造成两级景别不衔接。远景之后需要用中景过渡，但如果画面是中景跟近景相切换，则遵循“相邻景别不硬切”的原则，否则容易出现两个画面所展示的环境基本类似，没有给观众展示出不同的信息的情况。因此景别切换最好隔一个景别，以使整体的过渡看起来舒服。

景别切换口诀：相邻景别不硬切，两级景别不衔接，景别切换隔一别。

四、脚本写作中的分镜头思维

分镜头脚本，又可称为分镜头画面。一般来说，分镜头脚本就是通过一系列的图文来说明故事和电影创作场景的一连串镜头。不难理解，分镜头脚本是草图、框架图。

（一）电影分镜头脚本

电影分镜头脚本绘制是个大工程，一般一个故事片的分镜头脚本超过 1 000 个镜头。

（二）广告分镜头脚本

广告分镜头脚本与电影分镜头脚本最大的区别在于广告分镜头脚本包含的镜头数量少，一般一个广告分镜头脚本包含 6 ～ 30 个镜头。广告分镜头脚本要求使用极少篇幅的画面，但每个画面都极具创意。

（三）其他类型分镜头脚本

其他类型分镜头脚本，包括动漫分镜头脚本、多媒体分镜头脚本、网站设计分镜头脚本等。

【素质提升】

充分发挥分镜头拍摄技巧，提升自己感知美、欣赏美、拍摄美的能力，全面提高自己的人文素养，树立正确的艺术观和创作观，创作出优秀的作品。

【知识测试与能力训练】

认真完成表3－8－1中的任务。

表3－8－1　分镜头拍摄技巧

任务主题	掌握分镜头拍摄的技巧		
任务准备	手机		
组织形式	搜集影视作品，总结分镜头拍摄技巧，得出结论		
结果呈现	以PPT的形式在班级中进行交流		
任务评价	□优	□良	□差

【评价与反思】

在完成本学习任务后，以小组会议的形式进行总结与思考。具体方式可以小组为单位拍摄短视频作品，并推选代表在总评会上进行展示、讲解，其他小组进行相互点评，最后由教师进行总结评价。教学评价表见表3－8－2。

表3－8－2　教学评价表

序号	考核内容	考核标准	分值	学生自评	学生互评	教师评价
1	知识掌握	能完整并准确地理解和掌握分镜头相关知识	20			
2	知识运用	能够熟练、准确地运用所学知识完成拍摄	20			
3	学习态度	学习积极主动，态度认真	10			
4	课堂表现	遵守教学秩序	10			
5	自主学习	具有自学意识和动手实操能力	10			
6	能力提升	运用分镜头技巧进行短视频作品创作	30			
7	总体评价					

项目四

短视频的文案

项目综述

文案是短视频的重要组成部分，决定整个短视频的基调。无论是前期的策划、标题的编写，还是粉丝的评论回复，都需要有合适的文案。本项目旨在介绍短视频文案策划的基本原则、前期思考以及策划技巧，学生通过深入学习，结合实训练习，熟练掌握文案策划技巧。

任务一　短视频文案的基本原则

【任务导学】

知识难点：利用语言技巧抓住观者眼球的方法。

知识重点：1. 短视频文案要能与观者产生共鸣。

2. 短视频文案要能引发观者的疑问。

3. 短视频文案要使用强有力的语言。

【思维导图】

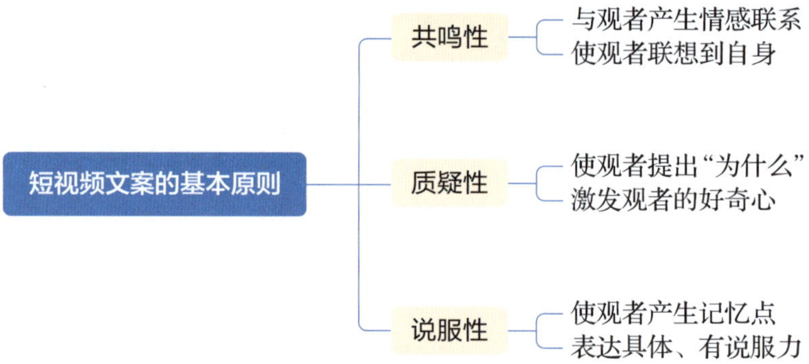

【基础知识全景体验】

短视频文案的基本原则可分为共鸣性、质疑性和说服性。

一、共鸣性

在信息爆炸的网络时代，用户往往不会驻足于与之无关的信息，而通常会关注与其自身有关联且能产生共鸣的内容，或关注自身有类似经历以及涉及未来将要面对的事情的相关信息。一条文案的好坏会关系到短视频内容运营的成败，因而，短视频文案的编辑应顺应用户的想法。

（一）与观者产生情感联系

所谓的情感联系其实就是一种情感共鸣，许多令人们产生强烈情感共鸣的短视频，都会通过走心的文案来唤醒观者内心的记忆，从而使其对视频内容留有深刻印象。

（二）使观者联想到自身

好的短视频文案会让观者联想到自身，感同身受，从而认可该视频，愿意观看。

二、质疑性

短视频文案的另一原则是质疑性，即用委婉的语言使观者产生疑问，引发观者的好奇心。

（一）使观者提出“为什么”

用户心中产生疑问，进而为了找出问题的答案，把内容看完。例如：“为什么你拍了那么多条视频，播放量始终是个位数？罪魁祸首竟是它！”看到这里，观者必然会想要了解答案，这也达成了我们撰写文案的目的。

（二）激发观者的好奇心

人的天性充满了对未知的好奇。一旦文案的开头勾起了用户的好奇心，就可以促使他不由自主地看下去。例如，描述一个事物时可以避免正面介绍，尝试从侧面切入，更能勾起观者的好奇心。类似的文案如：“有一个小技巧，就 3 个字，让用户看完就想掏钱给你，想知道的话就认真看以下内容……”这个时候，观者的好奇心已经成功被激发，会选择继续看下去。倘若我们一开始就直白地描述这个技巧，观者的兴趣反而没有那么大。

三、说服性

强有力的话语，会击中人们的痛点，令人印象深刻。

（一）使观者产生记忆点

强有力且具有说服性的文案会给观者留下深刻的印象，对于精彩部分，观者会产生记忆点。记忆点可以是一个金句、一句诗词甚至是一个口头禅。

（二）表达具体、有说服力

表达具体、有说服力的文案能让短视频更加出彩，会感染观者，给他们留下深刻印象。

【素质提升】

充分发挥语言技巧，提升自身的表达能力、洞察能力、感知能力，培养自己的创作思维，树立正确的创作观，创作出更优秀的文案。

【知识测试与能力训练】

认真完成表 4－1－1 中的任务。

表 4-1-1　短视频文案的写作原则

任务主题	分析、总结短视频文案写作的基本原则
任务准备	资料收集
组织形式	通过浏览各大资料平台，搜集相关数据进行比较总结，得出结论。
结果呈现	以 PPT 或 Word 文档的形式在班级中进行交流
任务评价	□ 优　□ 良　□ 差

【评价与反思】

在完成本学习任务后，以小组会议的形式进行总结与思考。具体方式可以小组为单位撰写单元学习自评总结，进行 PPT 演示，小组相互点评学习，最后由教师进行总结评价。教学评价表见表 4-1-2。

表 4-1-2　教学评价表

序号	考核内容	考核标准	分值	学生自评	学生互评	教师评价
1	知识掌握	能够完整并准确地掌握短视频文案的基本原则	20			
2	知识运用	能够熟练、准确地运用所学知识完成后续任务	20			
3	学习态度	学习态度认真，积极主动	10			
4	课堂表现	遵守教学秩序	10			
5	自主学习	具有自学意识和练习能力	10			
6	能力提升	短视频文案类题材的敏感度提高	30			
7	总体评价					

任务二　文案技法——思考篇

【任务导学】

知识难点：利用不同的技巧引发观者的思考。

知识重点：1. 切换人称，拉近与观者关系。

2. 心灵劝说使观者产生联想。

3. 陈述事实使观者认清现实。

【思维导图】

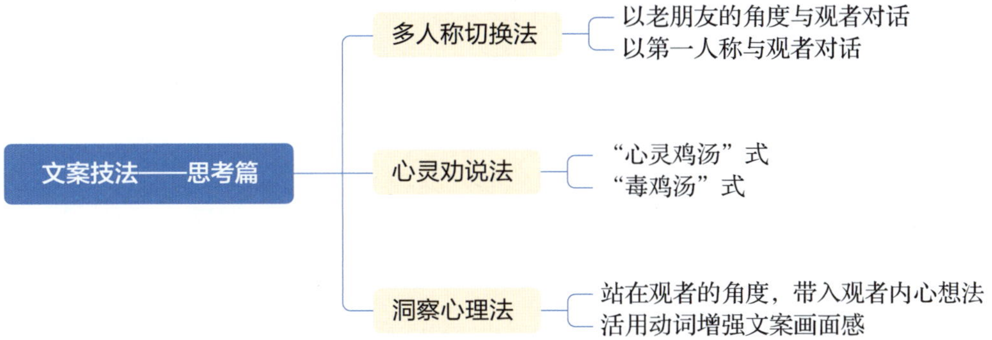

【基础知识全景体验】

短视频文案技法之一是利用各种方式引起观者的思考，包括多人称切换法、心灵劝说法和洞察心理法。

一、多人称切换法

（一）以老朋友的角度与观者对话

站在老朋友的角度与观者对话，可以迅速拉近与观者的关系，令观者感到温馨。多用陈述句和语气助词，增加观者和自己的互动，释放其在工作和学习中的压力，营造轻松愉悦的氛围。

（二）以第一人称与观者对话

以第一人称与观者对话，可以将观者直接带进故事中，以第一视角体验故事中的情节，从而提升短视频的可信度。这种方法可以创造一种沉浸式体验，与观者产生亲密关系，还可以激发观者的创造力，形成以观者为主导的风格。

二、心灵劝说法

（一）“心灵鸡汤”式

“心灵鸡汤”具有积极的生活意义，它可以鼓励和肯定观者。对于个人而言，“心灵鸡汤”式的文案也具有疗愈的力量，帮助观者在低谷期重建信心。

（二）“毒鸡汤”式

“毒鸡汤”的特点就是揭露残酷的现实，直击痛点，令观者认清现状，提升自身的韧性和耐性，摆脱沉沦和消极的心态，积极面对现实。

三、洞察心理法

短视频的内容各式各样，是大众的生活写照。深度洞察观者心理，并且感同身受，我们就可以推断观者的内心活动。

（一）站在观者的角度，带入观者内心想法

短视频文案是短视频的重要部分，站在观者的角度写文案，更容易获得观者的信任，强化观者的带入感，从而创造积极的情绪体验，在心理上也可以形成一定的好感度。

（二）活用动词增强文案画面感

动词可以丰富文案的含义，使文案显得活泼而洒脱，使观者有更强烈的参与感与画面感。例如美食类产品推广短视频文案，产品不会说话，但是可以利用动词描绘美食享用过程，增强画面感，展现产品特点。

【素质提升】

充分发挥自身语言优势，提升文案创作能力，全面提高自己的人文素养，树立正确的艺术观和创作观，从而创作出优秀的作品。

【知识测试与能力训练】

认真完成表 4－2－1 中的任务。

表 4－2－1　文案技法——思考篇

任务主题	挖掘文案思考技法的核心要义		
任务准备	笔记本电脑		
组织形式	观看各大短视频平台作品，搜集相关数据进行比较，得出结论。		
结果呈现	以 PPT 或小视频的形式在班级中进行交流		
任务评价	□ 优	□ 良	□ 差

【评价与反思】

在完成本学习任务后，以小组会议的形式进行总结与思考。具体方式可以小组为单位撰写单元学习自评总结，提交 PPT 演示文稿，并推选代表在总评会上进行总结，然后进行相互点评，最后由教师进行总结评价。教学评价表见表 4－2－2。

表 4－2－2　教学评价表

序号	考核内容	考核标准	分值	学生自评	学生互评	教师评价
1	知识掌握	能够完整并准确地理解和掌握文案思考技法	20			
2	知识运用	能够熟练、准确地运用所学知识完成后续任务	20			

续表

序号	考核内容	考核标准	分值	学生自评	学生互评	教师评价
3	学习态度	学习积极主动，态度认真	10			
4	课堂表现	遵守教学秩序	10			
5	自主学习	具有自学意识和自主练习	10			
6	能力提升	短视频文案题材的感知能力加强	30			
7	总体评价					

任务三 文案技法——故事篇

【任务导学】

知识难点：利用文案打造故事感。

知识重点：1. 故事型文案的优势。

2. 写好故事型文案的技巧。

【思维导图】

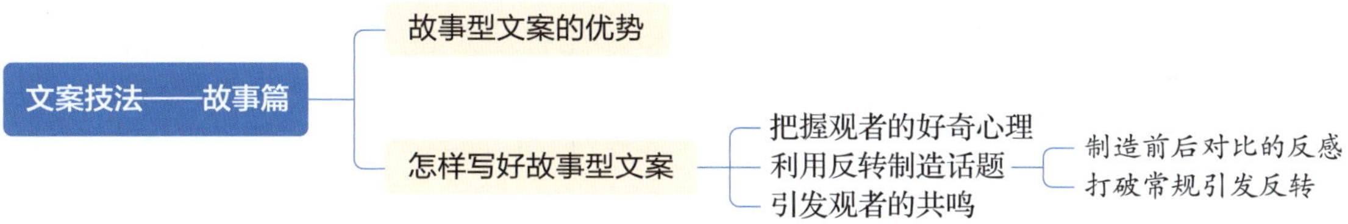

【基础知识全景体验】

一、故事型文案的优势

故事型文案对比叙述平淡的文案更能吸引观者注意力，没有哪个观者会拒绝一个精彩绝伦的故事。有记忆点的故事更容易传播，且能够赋予短视频特别的意义和附加价值，观者会因一个优秀的故事型文案而对该短视频印象深刻。

二、怎样写好故事型文案

短视频故事型文案创作的最大要求就是在有限的时间里创作出一个有趣的、深刻的故事。写好故事型文案的技巧有以下几个方面。

（一）把握观者的好奇心理

可以选择受众比较广泛的故事话题，以吸引更多的观者。文案开头技巧有情境导入式、引经据典式、亲身体验式和修辞联想式等。可以直接抛出疑惑，如故事里主人公的内心疑惑、对故事中任何人物线索产生的疑惑等，从而给观者一种意犹未尽想要追究到底的感觉。

（二）利用反转制造话题

能使观者猜中开头却猜不到结尾，文案就已经成功了一半。用户对于寻常事物早已习以为常，却往往被有反转的内容所吸引。情节反转本质上是通过逻辑重构打破固有认知，用出其不意的结局，引人发笑或者发人深省。

1. 制造前后对比的反差感

使用逆向思维，在构思的故事中提取关键词，并从关键词的反义词中构思故事的反转。可以利用两种极端情节形成对比，欲扬先抑，运用违背预期的对比，突出故事的观点和主张，引发观者思考。

2. 打破常规引发反转

首先提出熟悉的概念，再针对这一概念或事件找出大多数人的心理预设，最后违背直觉打破预设，提供意料之外但是情理之中的反转。

（三）引发观者的共鸣

故事型文案更能且更容易使观者产生共鸣，因为有故事就会有情感，情绪最容易让用户产生共鸣。

故事创作来源于生活，要符合生活的逻辑才能打动人心。故事创作需要独具匠心，张力十足，情节要有悬念并且跌宕起伏，张弛有度。故事创作所包含的精神内核应是用户普遍感知且崇尚的，如果故事能真正走入观者内心，那么短视频的浏览量就会相对更高。案例欣赏如图 4-3-1 所示。

图 4-3-1　引发共鸣

【素质提升】

短视频的制作者不仅要创作优质短视频内容，还需注重文案的写作，要以真情实感的创作打动人心，引起用户内心深处的共鸣，树立正确的艺术观和创作观，创作出优秀的作品。

【知识测试与能力训练】

认真完成表 4－3－1 中的任务。

表 4－3－1　文案技法——故事篇

任务主题	掌握故事型文案的写作要点		
任务准备	笔记本电脑、分析报告		
组织形式	观看、分析优秀作品，得出结论。		
结果呈现	以 PPT 或小视频的形式在班级中进行交流		
任务评价	□优	□良	□差

【评价与反思】

在完成本学习任务后，以小组会议的形式进行总结与交流。具体方式可以小组为单位完成单元总结，提交 PPT 演示文稿，并推选代表在总评会上讲解，然后由小组相互点评和总结。教学评价表见表 4－3－2。

表 4－3－2　教学评价表

序号	考核内容	考核标准	分值	学生自评	学生互评	教师评价
1	知识掌握	能够完整并准确地理解和掌握故事型文案技法	20			
2	知识运用	能够熟练、准确地运用所学知识完成后续任务	20			
3	学习态度	学习认真、态度端正	10			
4	课堂表现	遵守教学秩序	10			
5	自主学习	具有自学意识和钻研能力	10			
6	能力提升	围绕故事对文案进行合理创作	30			
7	总体评价					

任务四 文案技法——创意篇

【任务导学】

知识难点：如何将创意思想融入文案创作。

知识重点：1. 创意型文案的重要原则。

2. 创意型文案的必备技法。

【思维导图】

- 文案技法——创意篇
  - 创意型文案的重要原则
    - 合理利用知识储备
    - 善于运用文字展现画面感
    - 长话短说，精简表达
  - 创意型文案的必备技法
    - 组合法
    - 感染力
    - 目的性

【基础知识全景体验】

一、创意型文案的重要原则

合理利用知识储备，善于运用文字展现画面，精简表达，是创意型文案的三大重要原则。新颖独特的文案创意要以创新为生命，切忌模仿他人的意境，搬运别人的语言。文案只有标新立异，才能吸引大众的注意力，为观者留下深刻的印象。因此，短视频文案必须推陈出新，针对大众存在的各种心理，如逆反心理、好奇心理等，追求创新，力求不落俗套。

创意是创造意识或创新意识的简称，是指根据对现实存在事物的理解以及认知所衍生出的一种新的抽象思维和行为潜能。创意意味着有趣、新鲜、原创，它要求创造者不仅要有思维的深度，还需要有知识的广度。而创意，也是一个合格的短视频创作人员所必备的能力。创意图片如图 4－4－1 所示。

图 4－4－1　创意图片

二、创意型文案的必备技法

具有创意的文案会在众多的文案中脱颖而出，吸引观者关注。对比平淡无奇的文案，观者会主动靠近微妙的、有趣的或者走心的文案，会积极主动地阅读妙趣横生的文案。

（一）组合法

组合法是指将不同的事物关联起来，将它们各自的元素组合起来进行创作的方法。这个方法的关键是收集足够多的资料或元素，以便挖掘到足够新奇的创意组合。可以用先拆分再组合的方法创建自己的创意文案，比如可以先准备相关的十个或者二十个流行词语或句子，用替换主语、替换核心关键词、替换数字以及替换目标对象等的方式进行拆分再组合，然后进行筛选和数据分析测试，形成自己的文案选题库。例如某茶杯品牌的文案："喜欢用自己的杯子喝茶"。

（二）感染力

有创意的文案是具备感染力的，它可以让观者产生情感共鸣。观者所感到的情感越强烈，越有可能理解并记住我们的文案。例如某手机品牌的文案："我眼里的好，是我喜欢就好"。

（三）目的性

好的文案可以像文学一样反映出我们对生活的热爱，但二者又有所不同，文学艺术独立自足，而文案则需要解决问题。

创作文案时，可以参考马尔科姆·格拉德威尔总结的引爆点法则。首先，制造一个流行信息，通过抓取关键的传播节点，放大信息音量、扩大传播圈层。其次，文案需要有足够的附着力和黏性，能够让观者过目不忘。最后，信息的流行会受到环境的极大影响。例如某印刷公司的广告文案："除钞票外，承印一切"。

【素质提升】

充分利用创意思想，提升自身的知识储备量和语言表达能力，最大限度地与观者共情，树立正确的艺术观和创作观，创作出优秀的作品。

【知识测试与能力训练】

认真完成表 4－4－1 中的任务。

表 4－4－1　文案技法——创意篇

任务主题	掌握创意型文案写作的原则和技法		
任务准备	笔记本电脑、资料收集		
组织形式	对不同类型文案进行比较、分析，得出结论		
结果呈现	以 PPT 或小视频的形式在班级中进行交流		
任务评价	□优	□良	□差

【评价与反思】

在完成本学习任务后，以小组会议的形式进行总结与思考。具体方式可以小组为单位撰写单元学习成果展示，提交 PPT 演示文稿，并推选代表在总评会上汇报，其他小组进行相互点评，最后由教师进行总结评价。教学评价表见表 4－4－2。

表 4－4－2　教学评价表

序号	考核内容	考核标准	分值	学生自评	学生互评	教师评价
1	知识掌握	能够完整并准确地理解和掌握创意型文案技法	20			
2	知识运用	能够熟练、准确地运用所学知识完成后续任务	20			
3	学习态度	学习积极认真，刻苦努力	10			
4	课堂表现	遵守教学秩序，态度端正	10			
5	自主学习	具有自主训练意识和动手实操能力	10			
6	能力提升	能将创意思维融入文案创作	30			
7	总体评价					

项目五

抖音短视频

项目综述

各类短视频平台的出现，不仅改变了人们的休闲娱乐方式和阅读习惯，还影响了人们的价值取向，形成了具有现代色彩的视觉文化，对信息传播产生了深远影响。那么如何在各大短视频平台上发布视频内容？本项目将以抖音短视频平台为例，从短视频推荐机制的底层逻辑、平台规则解读、标题撰写等多方面内容进行详细学习。

任务一 抖音短视频标题撰写技巧

【任务导学】

知识难点：3 种爆款视频标题的撰写技巧。

知识重点：1. 短视频标题应该具备的特点。

2. 撰写短视频标题的 3 个实操步骤。

【思维导图】

- 抖音短视频标题撰写技巧
  - 短视频标题的作用
  - 短视频标题应该具备的特点
  - 短视频标题如何引发共鸣
  - 撰写标题的3个实操步骤
    - 思考内容
    - 起草标题
    - 修改标题
  - 撰写标题的注意事项
  - 常见标题写作类型
    - 直述型标题
    - 悬念式标题
    - 如何式标题
    - 理由式标题
    - 热点式标题
  - 爆款视频的标题技巧
    - 故事感、挑战刻板印象、抓住共鸣点、标题加入#话题、发布视频@好友

【基础知识全景体验】

一、短视频标题的作用

标题是整个视频内容的精华，应包含用户观看视频的需求动机。优质内容与抢眼标题搭配，能使短视频得到高完播率、高评论量。

二、短视频标题应该具备的特点

（1）有卖点，能够给予用户想要的东西，比如满足用户的好奇心。
（2）有内容，文字有内涵，不歪曲，不夸张，让用户预知视频的内容。
（3）有趣味，有独特创新的思维，有独特的观点和态度。

三、短视频标题如何引发共鸣

如何取一个让观众有共鸣的标题？可以参考以下几个方面：
（1）满足观众的日常需求，与观众生活紧密相关，洞察生活细节；
（2）多使用动词和断句，使标题有画面感；
（3）寻找共鸣点，抓住观众的痛点；
（4）多用第一人称和第二人称；
（5）角度要新颖，观点要突出，态度要鲜明。

四、撰写标题的 3 个实操步骤

（一）思考内容

写标题前，先问自己几个问题：
（1）我的视频是打算给谁看的？
（2）我的视频内容想要表达什么？
（3）我的视频有什么吸引眼球的地方？
（4）我凭什么让观众留下来看我的视频？

（二）起草标题

提取视频内容的关键词进行组合，筛选出能准确表达主题的标题。

（三）修改标题

根据观众的心理对草拟的标题进一步处理，增加共鸣点或设置悬念。

比如某账号要发布美食教程相关内容，要为西红柿炒鸡蛋的视频撰写标题，套用上面的 3 个实操步骤。

首先，思考内容。

（1）视频内容是给想学西红柿炒鸡蛋这道菜的观众看的。

（2）想要表达的是：为什么在饭店吃的西红柿炒鸡蛋香嫩光亮，口感更好呢？这中间有哪些小窍门呢？

（3）视频吸引眼球的地方：视频场景在饭店后厨，大厨现场操作，实地拍摄每一个实操步骤，全程口播讲解做法。

（4）让观众留下来看该视频的原因：与观众在评论区互动，可以实时为观众答疑解惑。

其次，起草标题。

提取几个关键词，比如：西红柿炒鸡蛋、家里、饭店、小窍门、美味好吃、教程等。用关键词组合的办法草拟标题，筛选符合主题的标题备用，如图 5－1－1 所示。

图 5－1－1　案例赏析

（1）西红柿炒鸡蛋，要怎么做才好吃呢？

（2）家里做的西红柿炒鸡蛋，为什么做不出饭店的味道？

（3）饭店大厨是这么做西红柿炒鸡蛋的，难怪自己在家做得不好吃。

（4）西红柿炒鸡蛋，很多人第一步就做错了。

最后，修改标题。

根据草拟的标题，选出最优者再次修改，最终确定合适的标题。

五、撰写标题的注意事项

（1）有热点的标题固然好，但是也不能盲目跟风，太多流量容易导致视频推荐量分流。

（2）标题内容有所保留，切忌全盘托出。

（3）禁用敏感词。

（4）禁用过度夸张和惊叹的词汇，比如：吓哭了、最、惊呆了、震惊、爆炸等。禁用耸人听闻的内容，比如："不看，你就亏大了！"等。

（5）禁用含有低俗、色情、暴力、血腥、广告信息等内容。

（6）禁止涉及军事、时政类等领域的内容。

（7）标题不能出现如错别字、纯数字、英文符号、连续感叹号等内容。

（8）不要害怕失败，对推广效果差的标题及视频内容要及时总结。

（9）尝试借鉴学习爆款视频标题。

（10）避免出现空标题内容，对视频创作负责。

六、常见标题写作类型

（一）直述型标题

直接表述视频的核心内容。例如：送给第一次来北京的朋友，赶紧收藏。

（二）悬念式标题

设置悬念引起观众的好奇心。例如：我家的狗居然有新技能。

（三）如何式标题

用提问式标题吸引观众。例如：你还担心在外面吃饭不卫生吗？试试这个吧！

（四）理由式标题

直接告诉观众看这个视频的理由。例如：同样都是电脑，为什么我的电脑差别这么大呢？

（五）热点式标题

针对热点进行不同角度的分析。例如：假如某热播剧发生在重庆。

七、爆款视频的标题技巧

结合短视频平台的大数据分析结果，现有以下几种技巧供参考：

（一）故事感

创作者应避免简单直白地陈述视频内容，要将视频内容变成故事，层层递进吸引读者，设置各种悬念让观众有观看的欲望。例如：什么才是生活最真实的样子？

（二）挑战刻板印象

挑战刻板印象是指挑战用户固定的思维模式，激发用户的好奇心，激发用户观看的欲望。例如："我不是最后一个知道的吧？用完的洗衣液瓶子还可以这样用。"

（三）抓住共鸣点

抓住共鸣点就是利用大家感同身受的痛点进行拍摄和标题创作，引发观众共鸣。例如："生活是自己的，尽情打扮，尽情可爱，别让你这一辈子过得不快乐。"

（四）标题加入 # 话题

发布视频的时候，标题添加 1 ～ 3 个切合视频内容的话题标签，即 # 话题，如图 5－1－2 所示。

图 5－1－2　添加话题

（五）发布视频 @ 好友

在视频发布页面点击“@ 朋友”选项，在好友列表里，搜索找到自己想 @ 的好友昵称，点击即可成功添加对方，如图 5－1－3 所示。

图 5－1－3　@ 好友

【素质提升】

充分发挥短视频的优势，提升自己感知美、欣赏美、创造美的能力，全面提高自己的审美能力和人文素养，树立正确的艺术观和创作观，从而创作出优秀的作品。

【知识测试与能力训练】

认真完成表 5－1－1 的任务单。

表 5－1－1　短视频标题撰写技巧

任务主题	掌握短视频的标题撰写技巧		
任务准备	笔记本电脑		
组织形式	比较、分析各类爆款短视频作品的标题，得出结论		
结果呈现	以 PPT 或小视频的形式在班级中进行交流		
任务评价	□ 优	□ 良	□ 差

【评价与反思】

在完成本学习任务后，以小组会议的形式进行总结与思考。具体方式可以小组为单位撰写单元学习自评总结，提交 PPT 演示文稿，并推选代表在总评会上讲解、分析，其他小组进行相互点评，最后由教师进行总结评价。教学评价表见表 5－1－2。

表 5－1－2 教学评价表

序号	考核内容	考核标准	分值	学生自评	学生互评	教师评价
1	知识掌握	能够完整并准确地理解和掌握短视频标题撰写技巧	20			
2	知识运用	能够熟练、准确地运用所学知识完成后续任务	20			
3	学习态度	学习积极主动，态度认真	10			
4	课堂表现	遵守教学秩序	10			
5	自主学习	具有自学意识和动手实操能力	10			
6	能力提升	运用标题撰写技巧创作出好的短视频标题	30			
7	总体评价					

任务二 抖音短视频推荐机制的底层逻辑

抖音短视频推荐机制的底层逻辑

【任务导学】

知识难点：抖音系统判断视频质量的标准。

知识重点：1. 抖音平台的双重审核机制。

2. 抖音平台推荐机制的底层逻辑。

【思维导图】

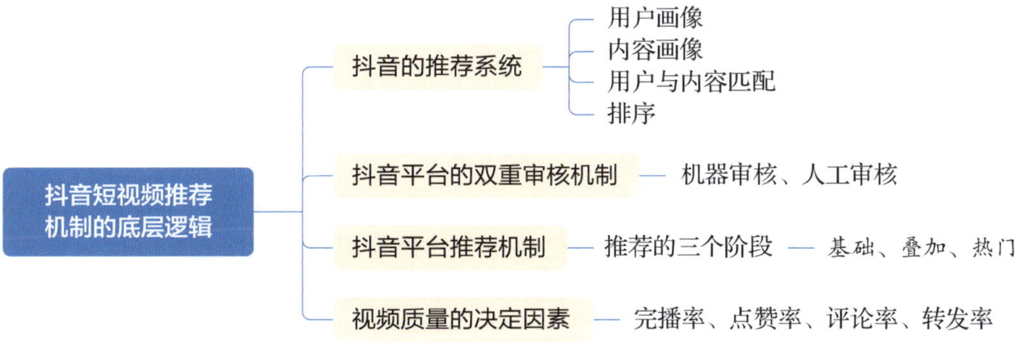

【基础知识全景体验】

一、抖音的推荐系统

抖音的推荐系统主要包括四部分：用户画像、内容画像、用户与内容匹配、排序。

（一）用户画像

系统根据用户的基本属性（比如：性别、年龄、学历等）、兴趣爱好（比如：科技、娱乐、体育、金融等）等数据集，给出相关的定义标签。

（二）内容画像

系统根据内容的层级分类、关键词、实体词等分析出内容特点，给各类内容打上相关的定义标签。

（三）用户与内容匹配

有了用户标签和内容标签之后，系统在内容池里为用户匹配出可能会喜欢的内容并优先展示出来。

（四）排序

系统要面对数亿级的用户和内容，同时还要考虑用户的喜好会不断地改变，为了使挑选的内容更加贴近用户、更加符合用户喜好，系统需要对内容进行排序。

二、抖音平台的双重审核机制

抖音平台对内容的审核分为机器审核和人工审核。抖音平台对内容的审核主要考虑 3 个因素：标题、内容和信息，不能含有敏感低俗不雅信息等。

（一）机器审核

机器审核一般是审核视频内容、视频描述或标题。通过人工智能技术，识别视频画面及关键词，检测是否有敏感信息、是否有导流到其他平台等不符合规则的行为。如果存在疑似情况，则系统进行机器拦截，并给出提示。系统会截取视频中的画面，与数据库中已存在的作品进行匹配消重，对重复内容进行低流量推荐，或者降权推荐。

（二）人工审核

人工审核是指针对机器审核筛选出的疑似违规作品进行再次审核。抖音人工进行逐个细致审核后，如果确定作品违规，将根据违规处理规则对账号实施降权通告、封禁等处罚。人工审核主要集中在审核视频标题、封面截图和视频关键帧。

三、抖音平台推荐机制

视频通过审核之后，会得到系统的推荐。抖音平台的推荐规则是去中心化，作品经过流量池规划，通过人工智能技术进行分发推荐。抖音会给每个作品提供一个流量池，不管账号体量大小，只要视频作品通过审核都会得到推荐。视频后期能不能成为爆款视频，都取决于这个流量池的数据表现（播放量、点赞量、评论量、转发量）。推荐流程如图 5－2－1 所示。

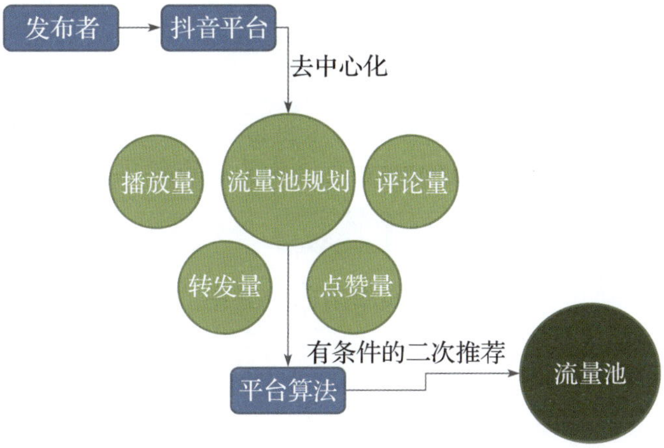

图 5－2－1 推荐流程

抖音短视频推荐分为以下三个阶段。

（一）基础推荐

抖音平台针对新发布的视频作品，会根据账号权重分发 100 ～ 500 的播放量，流量分发范围以附近用户和关注粉丝为主，并收集用户的反馈，转发量达到一定量时，算法就会判定其为受欢迎的内容，作品就有可能进入叠加推荐。

（二）叠加推荐

视频作品经过基础推荐后，若被算法判定为受欢迎的内容，会获得系统的叠加推荐。系统将自动为内容加权，扩大推荐范围。当视频内容的转发量达到更大的某个量级时，算法持续叠加推荐，依次类推，当作品的转发量达到一定量级时，系统会以大数据算法和人工运营相结合的机制对作品进行再次判定（如图 5－2－2 所示）。

（三）热门推荐

系统对各项热度的权重占比设置依次为：转发量 > 评论量 > 点赞量 > 播放量。热度权重也会根据时间择新去旧，一条爆款视频的热度最多持续一周，除非有大量用户模仿跟拍。所以创作者还需要稳定的内容更新能力和持续输出爆款的能力。

需要强调的是，作为一名短视频创作者，无须深入研究抖音的核心算法机制，而是要理解其中的逻辑。在热门推荐的流量池里，视频作品会由人工审核其内容是否足够优质，有没有涉嫌抄袭等违规行为，所以实现作品热门推荐的关键是创作优质内容。

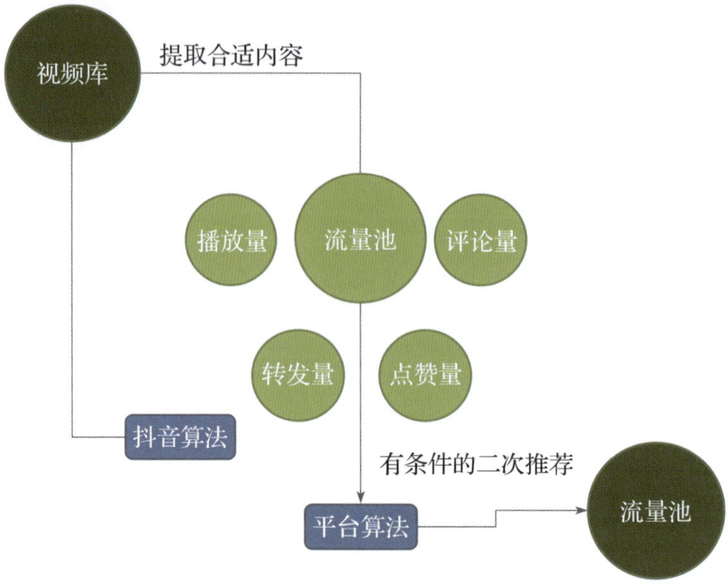

图 5-2-2　叠加推荐

四、视频质量的决定因素

评判视频质量的好坏有四个核心指标：完播率、点赞率、评论率、转发率。

（一）完播率

短视频作品的完播率及格线为 15 秒内完整播放。完播率高，系统才会将其推送到下一个流量池的筛选。也就是说，应该尽量控制视频的时长，做到“短小精悍”。如果视频过长，内容会显得啰唆，造成完播率下降。

（二）点赞率

如果把完播率作为衡量作品的及格线，那么点赞率就是衡量优质作品的条件。作品的点赞率越高，其得到的推荐也就越多。为了提升点赞率，获得更多的推荐，可以在视频中加入“喜欢我就给我点个赞”“点赞的人变美变帅”等之类的吉利话。

（三）评论率

若想提升视频作品的评论率，就要增加视频互动。比如美食领域的账号，在视频中加入这么一句话：“今天朋友来家做客，做这些菜好不好？”这种请求互动的话更容易引导观众对这句话进行评论。大多数用户都有分享互动的欲望，这种心理活动促进评论率的提升。

（四）转发率

视频的转发率越高，意味着其传播的范围越广，叠加推送的概率越大。转发率是四项指标中最难达成的一项，但也并非无计可施。仍以美食领域的账号为例，若想提升账号的转发率，账号内容要有价值且能做到启发大众。

【素质提升】

学会抓住重点，抓住关键，把握好时机，有针对性地对内容进行优化，引导用户看完视频，然后做出点赞、评论、转发的行为，从而获得更高的推荐量。

【知识测试与能力训练】

认真完成表 5－2－1 中的任务。

表 5－2－1　短视频推荐机制的底层逻辑

任务主题	了解短视频的推荐机制
任务准备	笔记本电脑
组织形式	对短视频平台作品进行剖析，得出结论
结果呈现	以 PPT 或小视频的形式在班级中进行交流
任务评价	□ 优　　□ 良　　□ 差

【评价与反思】

在完成本学习任务后，以小组会议的形式进行总结与思考。具体方式可以小组为单位撰写单元学习自评总结，并推选代表在总评会上讲解，其他小组进行相互点评，最后由教师进行总结评价。教学评价表见表 5－2－2。

表 5－2－2　教学评价表

序号	考核内容	考核标准	分值	学生自评	学生互评	教师评价
1	知识掌握	能完整并准确地理解和掌握短视频推荐机制底层逻辑	20			
2	知识运用	能够熟练、准确地运用所学知识完成后续任务	20			
3	学习态度	学习积极主动，态度认真	10			
4	课堂表现	遵守教学秩序	10			
5	自主学习	具有自学意识和动手实操能力	10			
6	能力提升	熟练掌握抖音平台判断视频质量的标准	30			
7	总体评价					

任务三 抖音短视频平台规则解读

【任务导学】

知识难点：抖音平台对视频内容的要求。

知识重点：1. 抖音平台的规则。

2. 抖音平台违规解读。

【思维导图】

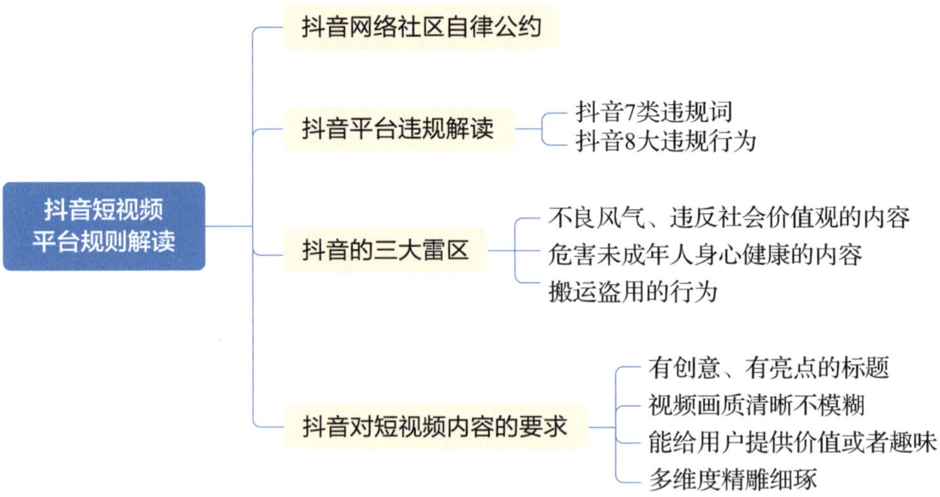

【基础知识全景体验】

一、抖音网络社区自律公约

在正式创作视频作品之前，需要了解抖音平台的规则。在不了解平台规则的情况下创作视频作品，容易违规，浪费时间精力。

视频画面中避免出现抖音平台禁止的行为及内容，如点烟、抽烟的镜头，一经发现，抖音平台将直接删除内容或者关闭账户。抖音平台之所以仍存在类似视频作品，一是平台检测机制尚不足够完善，无法做到100%检测；二是该类作品没有被用户举报。所以，在创作发布短视频作品时不能心存侥幸。

二、抖音平台违规解读

抖音平台违规解读除了需要参考抖音社区自律公约的内容外，还要参考广告法的相关规定。为了方便阅读和理解，对抖音视频中禁止出现的 7 类违规词、8 大违规行为以及文字过审的方法进行了整理，在创作过程中可以快速查重，更好地规避风险，让视频快速过审，关注量涨得更快、更多。抖音违规查看步骤如图 5-3-1 所示。

图 5-3-1　抖音违规查看步骤

（一）抖音 7 类违规词

（1）严禁使用不文明用语。

（2）严禁使用疑似欺骗用户的词语，如：恭喜获奖、全民免单、点击有惊喜、点击获取等。

（3）严禁使用刺激消费的词语，如：再不抢就没有了、不会再便宜了、秒杀、抢疯了等。

（4）严禁使用迷信、恐怖、暴力、丑恶、淫秽、色情等用语。

（5）严禁使用民族、种族、性别歧视用语。

（6）严禁使用化妆品虚假宣传用语，如效果超强、延年益寿等。

（7）医疗用语要规范，不可使用如全面调整人体内分泌平衡、增强或提高免疫力等词语。

（二）抖音 8 大违规行为

（1）任何与政治内容相关的敏感话题或词汇都是违规的。

（2）视频内容色情低俗。

（3）严禁包含血腥及非法内容。社会新闻内容如包含血腥、残忍、报复等内容时，属于违规内容。

（4）使用平台限制词语。

（5）虚假推广内容违规。短视频播放页面可添加购物车按钮，但禁止发布虚假广告内容。

（6）第三方平台的改道。抖音短视频是独立的平台，与其他社交平台为不同平台。因此，如果在抖音改道为其他平台，也属于非法操作，很容易受到系统的限制甚至封闭。例如，如果某账号在视频或个人签名中留下微信二维码或微信号，系统会将其确定为“营销号”或“垃圾号”，会被减少权重甚至封存账号。

（7）搬运盗用他人作品。抖音鼓励原创作品，严禁搬运他人作品，平台一旦检测到此类行为，给予降权处理。

（8）发布强营销广告。抖音不允许普通账号发布任何广告信息，对恶意营销、广告行为审核十分严格。强营销广告通常有以下表现形式：

1）只展示产品，没有主题，没有交互；

2）长时间展示产品标志而没有任何说明；

3）视频中插入手机号、微信号、二维码等联系方式；

4）仅展示产品图片或幻灯片；

5）发布优惠信息。

三、抖音的三大雷区

（一）不良风气、违反社会价值观的内容

（1）视频中出现抽烟、酗酒、辱骂他人、虐待及恶搞动物等不良行为。

（2）为了营造视频效果，把钱扔进垃圾桶，恶搞、损坏人民币等行为；嘲笑弱势群体，利用弱势群体刻意卖惨营销。

（3）违反景区、交通等相关规定，恶搞古迹和名著、翻越闸机、乱涂乱画、投机取巧等不文明行为。投机取巧是欺骗，不文明行为需摒弃。

（二）危害未成年人身心健康的内容

（1）为了营造视频效果，故意安排未成年人穿着成人化。

（2）未成年人早恋行为。

（3）未成年人文身、校园暴力、炫富攀比、卖惨、成人化演绎等行为。

（4）使用整蛊玩具或一些恶搞行为，对未成年人进行惊吓的行为。

（5）未成年人在没有保护措施的情况下进行危险活动。

（三）搬运盗用的行为

（1）未经他人允许，私自搬运他人创作内容为已所用。

（2）在无版权、无授权的情况下，转载他人内容。

（3）录屏电视或电影内容，未经任何加工上传到社交平台。

（4）出现抖音平台之外的水印、标志等元素。

四、抖音对短视频内容的要求

（一）有创意、有亮点的标题

标题是决定短视频点击率的关键因素。平台推荐分发短视频时，会从标题中提取分类关键词进行推荐。然后再根据短视频的播放量、评论量、用户停留时长等综合因素决定是否继续推荐该条视频。

（二）视频画质清晰不模糊

视频画质的清晰度影响用户观看视频的体验感。很多受欢迎的短视频画质堪比电影“大片”，画面清晰度很高。视频画质的清晰度取决于拍摄硬件的质量和视频制作软件的使用。

（三）能给用户提供价值或者趣味

决定用户停留时长的原因有：一是从中获取有价值的信息；二是从中获得趣味，进而获得快乐。所以，短视频要能给用户提供价值或者趣味，二者满足其一即可，而不是让人看完觉得枯燥无味，不知所云。

（四）多维度精雕细琢

强大的短视频团队会在编剧、表演、拍摄、剪辑和后期加工等多方面进行精雕细琢，让视频更好看，更有创意，从而打造出更优质的短视频。短视频创作的三个要素为：

（1）记录美好生活，表达真实的自己。

（2）内容原创，画质清晰，完整度高。

（3）内容真实，有正能量，对用户有价值。

【素质提升】

充分解读抖音短视频平台规则，坚持弘扬正能量，不违规、不踩雷，提高自身的人文素养，增强短视频的创意感，从而创作出优质的作品。

【知识测试与能力训练】

认真完成表 5-3-1 中的任务。

表 5-3-1　抖音短视频平台规则解读

任务主题	熟悉抖音短视频平台规则		
任务准备	笔记本电脑		
组织形式	搜集平台案例进行比较，得出结论		
结果呈现	以 PPT 或小视频的形式在班级中进行交流		
任务评价	□ 优	□ 良	□ 差

【评价与反思】

在完成本学习任务后，以小组会议的形式进行总结与思考。具体方式可以小组为单位撰写单元学习自评总结，并推选代表在总评会上汇报小组调研成果，其他小组进行相互点评，最后由教师进行总结评价。教学评价表见表 5－3－2。

表 5－3－2　教学评价表

序号	考核内容	考核标准	分值	学生自评	学生互评	教师评价
1	知识掌握	能够完整并准确地理解和掌握短视频平台规则	20			
2	知识运用	能够熟练、准确地运用所学知识完成后续任务	20			
3	学习态度	学习积极主动，态度认真	10			
4	课堂表现	遵守教学秩序	10			
5	自主学习	具有自学意识和动手实操能力	10			
6	能力提升	明确抖音对视频内容的要求与规则，进行个人账号的运营	30			
7	总体评价					

任务四　拍摄抖音短视频

拍摄抖音短视频

【任务导学】

知识难点：实际拍摄教学中各环节的串联。

知识重点：前期脚本策划的准备。

【思维导图】

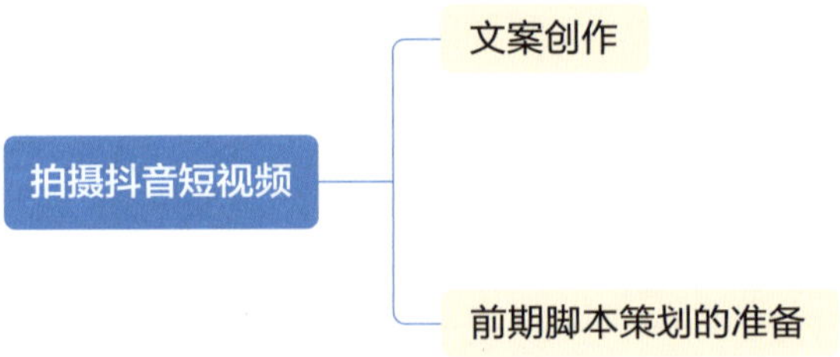

【基础知识全景体验】

短视频是一种互联网内容传播方式，抖音这一网络平台就为其传播充当了良好的载体。随着移动终端的普及和网络提速，短、平、快的大流量传播内容逐渐获得各领域、各渠道经营者和消费者的青睐。拥有较高日活跃用户数量（DAU）的抖音是如今营销链路中至关重要的一环，其整体风格演变为如今的多元文化并行、流行生态初成，营销手段也在持续发展中。

一、文案创作

对创作者来说，掌握短视频的拍摄技巧是必不可少的，而创作出短视频的优质文案更是重中之重。优质的文案能吸引用户直接观看短视频，因此，文案在一定程度上决定了用户的观看选择。

文案要简明扼要地切中用户真实的需求，这需要找准用户真正的痛点，这样的文案才对用户有吸引力，会激发用户想要进一步了解短视频内容的欲望。

二、前期脚本策划的准备

想要拍摄出好的短视频，必须要有好的脚本或者好的演绎者来支持。没有准备的现场发挥，极有可能功亏一篑。

提前准备好脚本，才能在拍摄时游刃有余。脚本内容包含拍摄视频的时长、需要使用的镜头、需要拍摄的场景以及旁白等。

【素质提升】

在实训教学中以“匠心铸魂”为引导，培养同学们追求卓越的工匠精神。

【知识测试与能力训练】

认真完成表 5－4－1 中的任务。

表 5－4－1　拍摄抖音短视频

任务主题	实际拍摄教学中各环节的串联
任务准备	手机
组织形式	选择合适题材，规划拍摄流程，用手机拍摄短视频
结果呈现	以学习报告的形式在班级中进行交流
任务评价	□优　　□良　　□差

【评价与反思】

在完成本学习任务后，以小组会议的形式进行总结与思考。具体方式可以小组为单位撰写学习报告，并推选代表在总评会上分享，其他小组进行相互点评，最后由教师进行总结评价。教学评价表见表 5－4－2。

表 5－4－2　教学评价表

序号	考核内容	考核标准	分值	学生自评	学生互评	教师评价
1	知识掌握	能准确并完整地理解和掌握拍摄抖音短视频的技巧	20			
2	知识运用	能够熟练、准确地运用所学知识完成后续任务	20			
3	学习态度	学习积极主动，态度认真	10			
4	课堂表现	遵守教学秩序	10			
5	自主学习	具有自学意识和动手实操能力	10			
6	能力提升	在短视频拍摄过程中合理统筹各环节	30			
7	总体评价					

任务五　如何搭建自己的直播间

如何搭建自己的直播间

【任务导学】

知识难点：如何搭建一个个性鲜明的直播间。

知识重点：直播时需要的设备。

【思维导图】

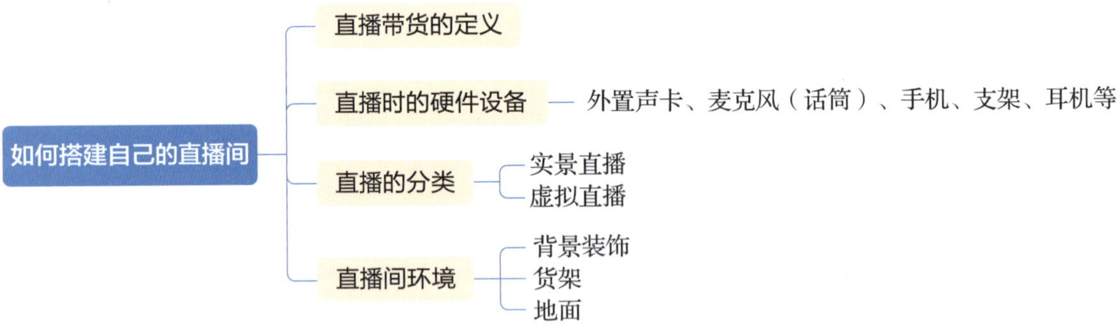

【基础知识全景体验】

一、直播带货的定义

直播带货，是直播娱乐行业在直播的同时带货，其形式在不断变化。直播带货是由于电商的兴起，引起一些娱乐行业的人跟进所致及演化而来。

二、直播时的硬件设备

（一）外置声卡

外置声卡是一种通过显卡插槽等接口与主板相连的有别于主板集成的外部设备，支持双设备连接，如两个手机或两个话筒连接，这样可以满足两个账号直播或是多平台直播，如图 5－5－1 所示。

图 5－5－1　外置声卡

（二）麦克风（话筒）

根据使用场景不同，麦克风主要分为电容麦（见图 5－5－2）、动圈麦两种，室内常用电容麦，室外常用动圈麦。就直播唱歌而言，千元以内的电容麦就可以实现优质的收声效果。另外，要注意买心形指向性的电容麦，它定向接收心形所指方向的声音，会屏蔽其他方向的声音，从而减少其他方向的噪声。如果是美食分享直播，则优先选择领夹式电容麦（见图 5－5－3）。

图 5－5－2　电容麦

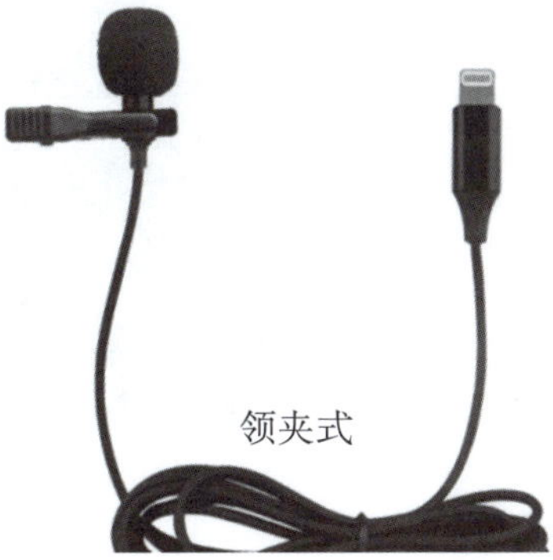

图 5－5－3　领夹式电容麦

（三）两台直播设备（如手机）

一台用来直播，一台用来放伴奏。建议使用画质清晰的设备，传输中不会压缩画质且稳定性好，能支持长时间直播。

（四）支架

支架的款式非常多，有多个机位（手机 + 声卡 + 麦克风 + 补光灯）一体的，也有独立机位的，有台式的，也有落地式的等，根据自己的需求选择即可，要着重考虑其稳定性和占地空间大小，如图 5－5－4 所示。

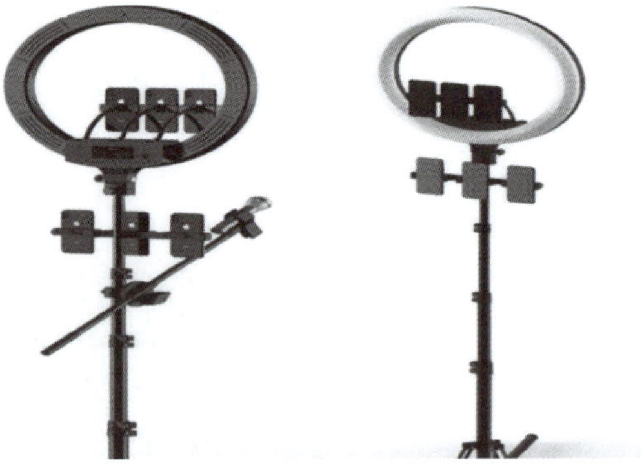

图 5－5－4　支架

（五）耳机

耳机主要是用来监听自己的声音，有入耳式、头戴式等多种类型，根据自身需要进行选择。

（六）转换器

直播间各类转换器可以提升直播的视听效果。常用的通用转换器有兼容性强的声卡转换器、苹果 / 安卓手机声卡转换器、耳麦二合一直播转换器等，如图 5－5－5 所示。

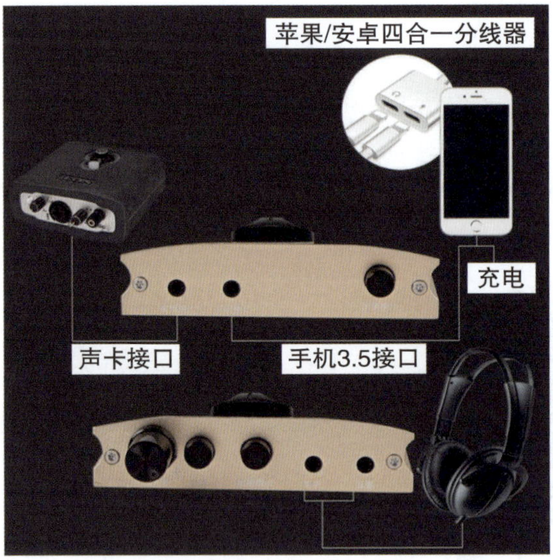

图 5－5－5　转换器

（七）补光灯

手机直播可以选择环形的、可调节光（暖光、白光、柔光）的补充灯，俗称美颜灯，大小一般在 10 ～ 18 寸之间，根据直播场景选择，如图 5－5－6 所示。

图 5-5-6 补光灯

（八）排插

外接的设备较多时，准备一个多插孔的排插，方便设备充电。

（九）网络

无线网络一定要稳定，保证直播不断线。

三、直播的分类

室内直播主要有两种，一种是实景直播，另一种是虚拟直播。实景直播顾名思义就是主播在一个搭建好的实景内进行直播带货。此类直播间通常整体场景色调和谐，产品在主播的身前或身后，加上灯光，整体画面能给观众带来舒适感。但是实景直播造价比较高，无法随意更换整体场景的色调和布局，长时间使用难免使老顾客审美疲劳。

虚拟直播间一般是在主播后方设置绿幕（或蓝幕）用于对主播信号源进行抠像处理，再添加图片作为背景进行合成。虚拟直播间的背景可以随意变换，整体的搭建造价相对便宜。但是虚拟直播间对灯光技术要求比较高，并且实时抠像对电脑的性能要求也比较高，如果电脑配置不够高难免会产生掉帧、卡帧的问题。

两者都具有各自的特点，如何选择应该从自身的实际情况出发。预算充足可以选择实景直播，设备和环境择优使用，呈现的画面自然不会差。预算有限则可以选择虚拟直播，背景随意更换同时经济实惠，如果灯光技术到位，呈现的画面也不会比实景差。正因如此，目前许多直播使用虚拟直播间。想要搭建出整体画面高级的虚拟直播间，可以从以下几方面入手。

（1）准备一部高清摄像机或者云台。

设备的分辨率最好是 1080p，同时支持高帧率和低帧率的切换。建议用 4K 天影云台摄像机，其具有 850 万像素、20 倍光学变焦、对焦快速、设置简单等优点，可以应用于各种直播。

（2）准备绿幕。

尽量选择抽拉式绿幕，摆放、使用简单，最重要的是平整无褶皱，抠像效果好。

（3）灯光系统。

灯光的布局决定了直播间整体的质感及观感，可以说是直播间的“灵魂”。灯光选择主要看灯光的参数，尽量选择高显指、色温在5600K以上的冷光光源的COB影视灯。

直播场地大小决定了选择灯具的功率，10平方米以下的空间可以选择100W至150W的灯具，10平方米至20平方米可以选择200W至300W的灯具，20平方米及以上选择300W及以上的灯具。高功率的灯具带来的热量比较大，假若在狭小封闭的空间内选用大功率的灯具，直播间内的温度过高，并且会增加不必要的成本。所以要根据自身需要选择适合的灯具。

四、直播间环境

（一）背景装饰

背景装饰，比如背景墙、壁画、窗帘、摆件、地毯、灯饰、挂件等，可根据主播的风格进行装饰，或者结合特殊的节日更换风格。

直播间最好选择浅色、纯色背景墙，以简洁、大方、明亮为基础进行打造，不要太过花哨。

但如果对灯光布局的研究并不专业，建议选用深色背景，会显得人相对白净。当然，也可以选择购买虚拟背景墙。在抖音，直播间多以灰色系为主，灰色系比较简约，同时灰色是中性色，它可以和任何色彩搭配。

（二）货架

服饰类直播间内可以放衣架或者衣柜，衣服要摆放整齐。美妆类直播间可以摆放陈列货架，以陈列货架做背景，陈列货架上的物品，一定要分类摆放整齐。

（三）地面

条件允许的前提下，可以在直播间铺设吸音毯来降低直播混响。直播间地面可以选择浅色系地毯或木地板，适用于美妆、服饰、美食、珠宝等展示。

【素质提升】

实践过程中培养与人沟通的能力，培养团队协作能力及解决问题的实践应用能力。

【知识测试与能力训练】

认真完成表5-5-1中的任务。

表 5-5-1　如何搭建自己的直播间

任务主题	明确如何搭建一个自己的直播间		
任务准备	资料收集		
组织形式	通过观看各大平台直播案例，进行总结，得出结论		
结果呈现	以 PPT 的形式在班级中进行交流		
任务评价	□ 优	□ 良	□ 差

【评价与反思】

在完成本学习任务后，以小组会议的形式进行总结与思考。具体方式可以小组为单位撰写分析报告，并进行 PPT 演示，小组相互点评学习，最后由教师进行总结评价。教学评价表见表 5-5-2。

表 5-5-2　教学评价表

序号	考核内容	考核标准	分值	学生自评	学生互评	教师评价
1	知识掌握	能够完整并正确地理解直播带货的相关内容	20			
2	知识运用	能够熟练、准确地运用所学知识完成后续任务	20			
3	学习态度	学习积极主动，态度认真	10			
4	课堂表现	遵守教学秩序	10			
5	自主学习	具有自学意识和动手实操能力	10			
6	能力提升	掌握不同类型直播间搭建技巧	30			
7	总体评价					

任务六　抖音直播带货三要素之一——人

浅谈抖音直播带货三要素——人

【任务导学】

知识难点：团队之间的配合与协作。

知识重点：直播时的人设与团队。

【思维导图】

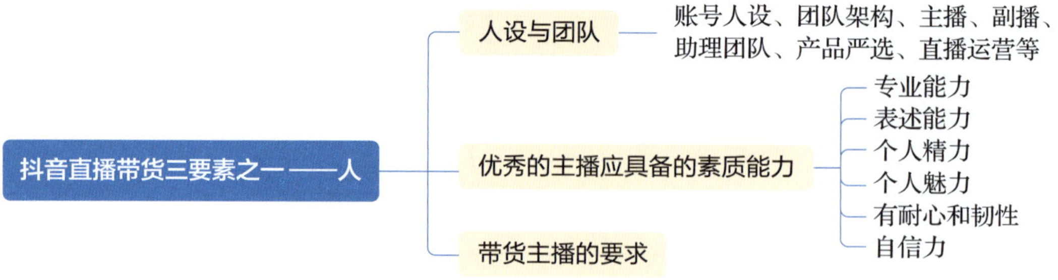

【基础知识全景体验】

一、人设与团队

（一）账号人设

定位本身是一个比较广义的概念，涉及各个领域。账号人设定位就是自己在他人面前呈现出来的形象和印象，确定人设定位对账号运营极其重要。

人设定位的四大要点：形象和个性要有记忆点、账号内容符合品牌及用户需求、坚持输出正确的价值观、输出差异化内容。

（二）团队架构

团队架构是指团队成员的组成成分，是团队协调、协作、协同工作的基础，因此团队的组织结构在账号运营中起着重要的作用。

（三）主播

主播是团队账号运营的核心人物，尤其是人设影响力大的账号。一些人设定位突出的主播，他们的直播间一直很受欢迎。

（四）副播

副播主要负责协助主播，在直播时向客户提供产品，把控直播节奏，带动直播气氛，汇总分析直播数据，描述产品优缺点；负责直播间选品及分析直播间利弊，配合主播在后台操作场控等；能够出镜协助主播工作；确保直播效果，及时做好现场设备调控。

（五）助理团队

直播助理团队主要工作有：

（1）负责产品对接、样品整理、直播脚本整理等。

（2）负责协助主播进行直播、调动直播气氛等。

（3）负责直播过程中推送后台链接以及活动信息。

（4）负责直播过程中观众反馈问题的记录、跟进。

（六）产品严选

直播选品就是确定直播间要销售的商品。选品决定着营销的成败和直播间口碑的好坏。因此，直播团队进行选品时不可盲目，要根据自己的情况仔细分析、认真筛选。

（七）直播运营

直播运营是指在直播平台上进行直播内容的创作和维护工作，运营者要根据平台的特点和用户的需求，制订出一套完整的运营方案。

运营者需要对直播平台的使用情况和观众的反应情况进行日常跟踪，同时也要不断创作，以保证直播内容的质量。运营包括了内容的策划、制作、宣传和维护等，还需要协助主播做直播准备、帮助寻找有意向参与直播的人士、协助进行广告宣传等。

（八）中控运营

在直播中需要做好中控运营，中控台的作用如下：

（1）中控台可以看到直播时长、在线人数、累计观看的人数等数据，在中控后台还可以与观众互动、回复观众的问题。

（2）中控台可以添加直播优惠券的界面。

（3）每场直播都需要设置中控台的关注卡片功能选项。

（4）若有公布内容的要求，建议设置界面中的发布公告功能选项，比如优惠活动、抢购活动等。

（5）自动回复功能，设置一些常用的回复用语，当有人咨询时，可以自动回复。

（6）关禁闭室功能，若有观众在直播间发布不正当言论，主播可以直接将对方的账号添加到关禁闭室。已添加到关禁闭室的用户，不可以在该直播间留言。

（九）内容运营

内容运营主要负责直播短视频制作的策划、脚本、拍摄和剪辑，制作直播预热视频，直播切片视频等，目的是给直播间吸引更多观众。

（十）数据运营

数据运营的内容如表 5－6－1 所示。

表 5－6－1　数据运营的内容

	数据指标	监控动作及意义
货品	商品点击率	主播保持好状态，运营的选品能力
	产品复购率	支撑复购的是产品质量和服务质量
流量	直播间流量波动	直播间流程活动设计
	视频流量占比	稳定输出，做好更新计划
节奏	爆款循环率	对爆款、潜力爆款产品进行重复讲解上架

1. 商品点击率

在主播状态保持良好的情况下，十分考验运营的选品能力。

2. 产品复购率

支撑观众复购产品的是产品质量和服务质量，一般产品复购率好的直播间，主播带货口碑会比较好。

3. 直播间流量波动

直播间流量波动受直播间整个流程活动设计的影响，比如直播间的优惠券有没有提高观众对商品的意向度，有没有很好地带动流量转化。

4. 视频流量占比

短视频流量很稳定，保证日常短视频、花絮视频稳定输出，可以给直播间吸引更多流量。运营需要协调拍摄团队做好短视频更新计划。

5. 爆款循环率

直播间存在一些爆款商品，运营需要及时有效地提醒主播商品爆款情况，并决定是否需要重复上架讲解。

（十一）导播

导播的工作内容如下：

（1）负责演播室设备的搭建、调试、操作及日常维护等，按照项目具体需求制订技术执行方案，完成导播系统搭建和工程设置。

（2）熟知直播的制作和播出流程，保证合理的镜头语音和切换逻辑，并合理调度导播间及现场各个岗位，严格按照规划完成节目画面切换，且能够控制失误率。

（3）制订直播应急预案，监控直播设备的状态，组织应急处理直播的突发状况，确保播出安全。

（4）针对直播制作的内容、流程、技术执行标准等各个方面，制订合理的优化方案，提升直播品质。

二、优秀的主播应具备的素质能力

主播是直播间的核心。推流卖货对主播的要求非常高，主播的人设、专业度、话术、操作技能（直播设备、开播流程、挂商品等直播实时实操细节）等，都是决定直播带货最终销售转化的关键。

（一）专业能力

做一行，懂一行。主播也同样如此。主播要充分了解产品，要有产品推荐、产品“种草”的能力。专业形成的信任度，是吸引观众产生购买行为的核心动力。

（二）表述能力

主播要跟观众拉近距离，进行及时互动，具备良好的语言表达能力、肢体表达能力以及针对特殊情况的应变能力，能随时调节现场的气氛。

（三）个人精力

一场直播一般时长 3 ～ 6 个小时，既考验主播的心理素质，也考验其身体素质，同时考验对节奏的把控。

如果没有耐心，就不能坚持长时间在镜头前保持高昂的情绪，也就很难做好直播。

（四）个人魅力

每个主播都有自己的个人风格，风格越明显，主播吸引用户的能力就越强。要有属于自己的独特风格，不要盲目模仿他人。

（五）有耐心和韧性

很多主播每天晚上 20：00 ～ 24：00 开播，下播后复盘、接待一些商家和参加选品，一般会在凌晨 5：00 ～ 6：00 下班，下午 4 点开始上班，几乎没有休息日。一场直播动辄几个小时，所以需要主播有足够的耐心和韧性。

（六）自信力

自信力分为两种：产品自信和情绪自信。

如果主播在介绍产品的时候支支吾吾、底气不足，对推荐的产品都不自信，观众当然不会买。还有就是情绪自信，成功的主播直播三四个小时以后，表情依然是积极向上的，一般不会在直播间里出现特别疲劳的状态。积极向上的直播态度非常具有感染力。

除了需要具备以上几种能力外，主播还需要具备议价能力、选品能力和售后能力。

三、带货主播的要求

带货主播需要具备的条件是：

（1）良好的沟通能力和表达能力，擅长在镜头前展示自己；有亲和力，阳光健康，无不良嗜好；有自信，有时尚品位。

（2）热情有活力，性格外向，镜头感强，善于调动气氛。

（3）热爱新媒体行业，自身目标明确，对主播群和用户群有一定了解。

（4）能吃苦，心态好。

【素质提升】

直播可以培养求知能力和与人沟通的能力，培养团队协作能力及解决问题的实践应用能力。

【知识测试与能力训练】

认真完成表 5－6－2 中的任务。

表 5-6-2　抖音直播带货三要素之一——人

任务主题	分析、总结抖音直播带货对于人员的具体要求
任务准备	资料收集
组织形式	分析直播带货团队人员配置、分工等，得出结论
结果呈现	以 PPT 的形式在班级中进行交流
任务评价	□ 优　　□ 良　　□ 差

【评价与反思】

在完成本学习任务后，以小组会议的形式进行总结与思考。具体方式可以小组为单位撰写调研报告，提交 PPT 演示文稿，并推选代表在总评会上分享报告，其他小组进行相互点评，最后由教师进行总结评价。教学评价表如表 5-6-3 所示。

表 5-6-3　教学评价表

序号	考核内容	考核标准	分值	学生自评	学生互评	教师评价
1	知识掌握	熟悉抖音直播带货对于“人”的要求	20			
2	知识运用	能够熟练、准确地运用所学知识完成后续任务	20			
3	学习态度	学习积极主动，态度认真	10			
4	课堂表现	遵守教学秩序	10			
5	自主学习	具有自学意识和动手实操能力	10			
6	能力提升	具备合理配置直播间人员、协调团队工作的能力	30			
7	总体评价					

任务七　抖音直播带货三要素之二——货

浅谈抖音直播带货三要素——货

【任务导学】

知识难点：在推广产品时找准该产品的亮点以及观众的需求。

知识重点：选品的方向和维度。

【思维导图】

- 抖音直播带货三要素之二——货
  - 直播选品的方法
    - 尽量选择应季产品
    - 确定产品品类以及消费群体
    - 选品同自身定位尽量一致
    - 选择符合用户需求的产品
    - 选择性价比高的产品
    - 选择亲自使用过产品
    - 选择高热度直播带货产品
    - 选择高性价比直播带货产品
    - 根据品类选择直播带货产品
    - 借助工具选择直播带货产品
    - 选择颜值高、方便的直播带货产品
    - 选择复购率高的直播带货产品

【基础知识全景体验】

直播选品的方法有以下几种。

（一）尽量选择应季产品

许多商品品类都有属于自己的应季产品。如果春季卖羽绒服，夏季卖保温杯，那产品销量可想而知。夏天卖一些应季的产品，比如说小风扇，是人们当下刚需的产品，而且颜值高，是季节性所需，如图 5－7－1 所示。

图 5－7－1　夏季应季产品举例

（二）确定产品品类以及消费群体

以文具为例，市面上文具的受众群体主要是学生和办公室一族。办公室文具通常是统一采购的，品类较单一，量大，但“肉少狼多”，因此，很多商家还是把重心放在学生群体上。

根据消费群体先确定产品品类，如针对大、中、小学生，了解消费者的需求，在价格上做到相对最合适，保障价格的同时还要保证质量，才能在直播带货的道路上持续性地发展。

（三）选品同自身定位尽量一致

我们常说，视频内容要与账号定位相匹配，系统才会根据你的内容贴上精准标签，将视频推荐给更精准的受众群体。做直播也是一样，想快速获取观众的信任，最好选择和账号匹配的产品作为直播货品，一方面是对产品的熟悉度高，另一方面也符合观众对账号的预期。例如，账号的定位是女装，那么选择的商品就要与女装相关，这样更有助于提升产品转化。

如果主播是内容达人，就可以围绕账号定位来选择垂直领域的产品，后续再去带货其他品类的产品。如果主播不是专业领域的达人，则可以优先从个人喜好或有一定了解的产品类目入手。

如果主播是无属性的达人，就可以按照观众的需求来选品。比如女性用户多，就可考虑卖美妆护肤、女装、美食等产品；如果男性用户多，就可以卖数码产品、游戏配置产品、汽车用品等产品。

（四）选择符合用户需求的产品

直播带货需要有自己的定位。要做到精准定位，需要你对自身的受众群体有了解，包括用户的性别、年龄、兴趣爱好、活跃时间等。经过数次的直播测试后，后台数据可以反馈出用户偏好，也可以获知哪种类型的产品才是用户想要的。比如，账号的受众群体主要为女性，对美妆护肤产品感兴趣，那么主播可以在直播间主推美妆产品。如果账号的受众群主要为男性，对电子数码产品感兴趣，主播可以主推这类产品。主推用户需要的产品，才能达到直播间人数的高效转化，使得用户体验感也随之增强。

（五）选择性价比高的产品

说到性价比，很多人会把这个概念等同于“便宜”。虽然大部分人都喜欢购买廉价的商品，但事实上，性价比高的产品并不意味着“便宜”，而是要让用户觉得实在、放心。比如说抖音的一些直播间所卖产品的价格相比其他知名主播来说都比较高，但从销量上来看也不低。原因就在于，这些主播一直坚守着“性价比”的原则。选品团队要对自身受众群体负责，若产品质量出现问题，售后也得及时跟上。高性价比的产品能把观众长期留在直播间，并且避免出现主播信任危机。

（六）选择亲自使用过产品

只有自己使用过产品，才能知道它到底是不是一款好产品，是不是适合消费群体需求。选品时应了解清楚产品有哪些特性，该怎么使用，该怎么推销。

例如，你在直播间卖一款洗面奶，你得事先知道这款产品适合油性皮肤还是干性皮肤；你自己是什么肤质，你使用后是什么感觉；你身边其他肤质的人使用后是什么感受；你的受众人群对洗面奶有哪些需求；这款洗面奶能否满足他们的需求。这些都需要你亲自用过后才能得出结论，才能在直播间根据实际使用感受，向观众推荐你的产品，这样才会更有说服力。

（七）选择高热度直播带货产品

端午节的粽子、中秋节的月饼、夏天的小风扇、冬天的暖手宝，又或者是当下某个名人带火的某款产品，都是高热度产品。不管用户是否需要此产品，在当下那个时间，人们对热度产品都保持了高度关注，就算不买也可能会在你的直播间热烈讨论相关话题，提升直播间热度。

（八）选择高性价比直播带货产品

不管是哪个直播带货平台，高性价比、低客单价的产品，都会在直播带货中更占优势。例如，某有名直播间的带货产品永远都会给用户“全网最低价”且“无条件退换”的福利。一方面，最大限度地保证了用户的权益；另一方面，也让用户对主播产生了极高的信任感，复购率高。

（九）根据品类选择直播带货产品

在直播带货平台上，会有相对热门的产品品类，例如美妆、零食、家用电器等。在这些热门产品品类中，选择自己了解并且合适的产品在直播间售卖。

（十）借助工具选择直播带货产品

学会使用工具是非常重要的运营方法，选择直播带货产品也一样。直播商品中哪些产品的销量好；哪些产品在直播峰值的时候销量最高；哪些产品被点击的次数最多；哪些产品交易量最多。通过工具，结合数据，我们能够获得高销量产品的名称、品类、单价、来源等各项信息，然后根据这些信息结合账号定位、用户需求，来选择合适的直播带货产品。

（十一）选择颜值高、方便的直播带货产品

我们可以借鉴各大主播的直播带货产品品类，但也要结合自己的实际情况进行选择。另外，在直播间带货，观众摸不到实物，所以好看的产品，当然更能吸引观众的目光。

（十二）选择复购率高的直播带货产品

直播带货，受众群体相对稳定，快速增加新客户并不容易。所以，产品复购率的高低影响收益，而且影响用户的活跃度，处理不当还会降低关注度。

【素质提升】

直播可以培养同学们的求知能力和与人沟通的能力，培养团队协作能力及解决问题的实践应用能力。

【知识测试与能力训练】

认真完成表 5-7-1 中的任务。

表 5-7-1　抖音直播带货三要素之二——货

任务主题	熟悉抖音直播带货对于“货”的要求
任务准备	资料收集、分析报告
组织形式	搜集直播带货平台相关数据，进行分析，得出结论
结果呈现	以 PPT 的形式在班级中进行交流
任务评价	□优　　□良　　□差

【评价与反思】

在完成本学习任务后，以小组会议的形式进行总结与思考。具体方式可以小组为单位撰写调研报告，并推选代表在总评会上分享调研结果，其他小组进行相互点评，最后由教师进行总结评价。教学评价表如表 5-7-2 所示。

表 5-7-2　教学评价表

序号	考核内容	考核标准	分值	学生自评	学生互评	教师评价
1	知识掌握	能完整并准确地理解和掌握直播选品的方向和维度	20			
2	知识运用	能够熟练、准确地运用所学知识完成后续任务	20			
3	学习态度	学习积极主动，态度认真	10			
4	课堂表现	遵守教学秩序	10			
5	自主学习	具有自学意识和动手实操能力	10			
6	能力提升	具备针对不同需求合理选品的能力	30			
7	总体评价					

任务八　抖音直播带货三要素之三——场

【任务导学】

知识难点：1. 加长用户的停留时间。
　　　　　2. 更有效地提高用户转化率。

知识重点：直播间场景搭配的四大要素。

【思维导图】

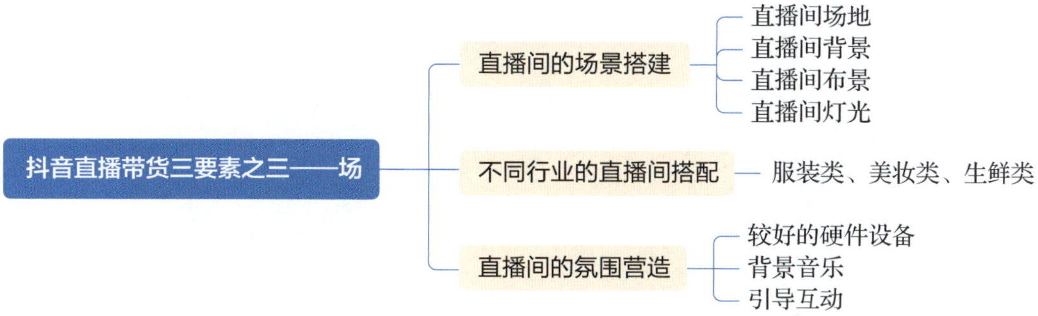

【基础知识全景体验】

一、直播间的场景搭建

（一）直播间场地

主要看自己的需求量，保证货品、直播设备、直播工作人员进场后不拥挤即可。一般带货类的直播间需求场地面积至少在 15 平方米以上。服装、家居类的货品占地面积大，直播间则需要 50 ～ 60 平方米。

（二）直播间背景

一个好的直播间背景，能吸引用户进入直播间并延长用户停留时长，而且直播背景中还可以适当添加一些活动相关的元素。

大多数直播间的背景使用 KT 板（背景墙），因为制作简单、成本低。如果预算充足，巨幕会是更好的选择。

直播间背景可以结合自己的产品品类元素来设计。若没有专业的设计师，可找线下品牌设计店提需求或直接网上找设计师，制作完成打印后用摄影架挂起来。

（三）直播间布景

直播间的装修和布景十分重要，搭建好更容易促进销售，一些特殊的产品类目也可以选择实景直播，如：

（1）工厂类直播，以工厂仓库、车间、流水线为背景进行实地直播。

（2）档口/卖场类直播，主播在批发市场档口进行直播。

（3）生鲜类直播，主播在海边、海鲜市场、果园实景直播。

（四）直播间灯光

直播间灯光一般有主光和辅助光，直播间画面的清晰度与灯光的亮度有直接关系，可以准备多个补光灯。无论是拍摄短视频还是直播，灯光打得好，画面效果事半功倍。直播间灯光布置如图 5－8－1 所示。

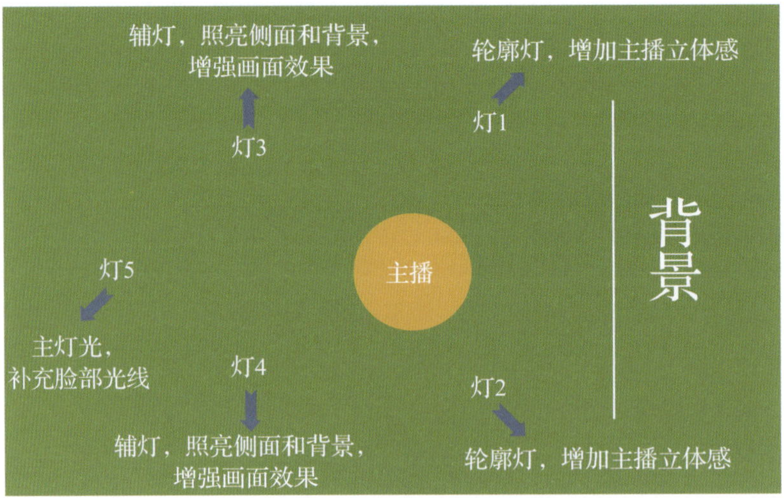

图 5－8－1　直播间灯光布置图

1. 主灯光

作用：可以使主播脸部受光均匀，气质柔和，达到磨皮和美白的效果。

位置：放置在主播的正面，与摄像机镜头光轴从高往低成 0 ～ 15° 夹角。

2. 辅助光

作用：起到突出侧面轮廓的作用，增强主播整体造型的立体感。

位置：左前方约 45°，右前方约 45°，从高往低。

二、不同行业的直播间搭配

（一）服装类

服装类直播间首先要求场地空间大，可以充分地摆放衣物架、衣柜等，同时满足模特试穿样衣的需求。

1. 场地大小

直播间的类型决定直播场地的尺寸需求，直播场地的大小要根据直播的内容进行调整。以站播场景应用最普遍的服饰箱包类直播为例，场地遵循不拥挤的原则即可，无须占用很大的空间，建议选择 20 ～ 40 平方米的直播间，该场地内需要有直播区域、商品挂置 / 摆放区域、换衣区等。

2. 场地隔音

直播前需要测试场地的隔音和回音情况，隔音不好或者回音太重，都会影响直播的正常进行，可以在直播场地放置隔音棉，以减小杂音。

3. 环境布置

为了直观地展示服装穿搭效果，直播间环境要保持光线清晰、环境明亮、物品整洁。

具体有以下几点注意事项：

（1）直播间镜头范围内切勿脏、乱、差，避免摆放杂乱的陈列架，避免衣柜入镜。

（2）可以放置排列整齐的模特人台，具体数量视空间而定。

（3）直播间可以适当播放一些背景音乐，布置小灯串，但注意音乐音量不能太大，灯光不能太亮，否则会分散用户对直播间的注意力。

直播间画面布局周边区域可以布置摆满衣服的衣架，视觉上暗示观众直播间的衣服款式非常多，极具吸引力。同时，直播间铺设地毯，可以增加质感，提升直播间环境档次，提升产品客单价水平。

4. 直播间背景

直播间最好以浅色、纯色背景墙为主，以简洁、大方、明亮为基础，避免杂乱的背景。

颜色选择搭配上，尽量挑选简洁明亮的颜色，如冰蓝、浅灰、浅棕，纯色和浅色在视觉上更精简，容易突出主播的主体地位。也可以选择同色系进行拼接搭配，看起来既舒适又不显得千篇一律。

背景墙颜色切勿太亮或太花哨，太亮会导致画面出现反光，太花哨的话则会导致镜头出现虚焦现象。

（二）美妆类

美妆类直播间观众以女性用户为主，此类用户对直播间的美感有更高的要求。更好地展示品牌魅力和产品效果，才能更吸引女性观众，促进其下单。主播可选择近景直播，模拟梳妆的场景，方便展示试色试妆。

美妆类直播间的打造，可以将包装本就精美的产品按照类别整齐地摆放在一起，如图 5－8－2 所示。

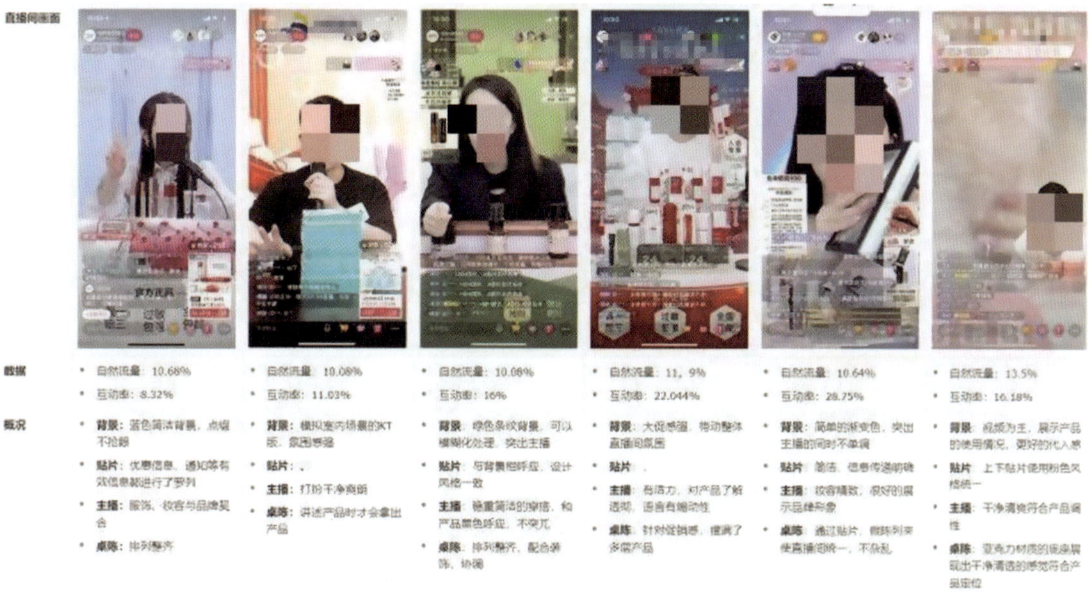

图 5－8－2　美妆类直播间打造

（三）生鲜类

生鲜类企业可以运用企业现有工具进行直播，所谓现有工具指的是生鲜配送管理系统。商家在线上零售商城里可进行产品展示。在自身的商城里进行直播可谓是催发用户直接转化的好手段。

直播可以更直观地打动用户，促使其下单，也能潜移默化地影响用户的购买决策。直播销售不仅限于在生鲜配送管理系统里，后期也可以利用其他短视频平台进行直播宣传，这也是目前比较主流的营销方式之一。

三、直播间的氛围营造

（一）较好的硬件设备

好的硬件设备是营造气氛的基础。直播间的视觉重点在于清晰度、明亮度、布景及画面比例，听觉重点在于背景音乐音量大小和清晰度，这些都决定了整个直播间的质感。所以在开播前要多调试设备，或者多学习参考其他优质直播间的配置。

（二）背景音乐

很多电视剧和电影经常会播放背景音乐用来烘托剧情，直播的时候播放一些适当的背景音乐很容易提升用户的观看体验。背景音乐的作用不容忽视，既能活跃气氛，控制直播的节奏，又能为主播减小直播压力。

主播可以播放热门歌曲或者询问用户想听什么音乐，这样能产生互动又让进入直播间的用户喜欢背景音乐，既可以让新来的观众对直播间产生好感，又可以拉近观众与主播的距离。

（三）引导互动

1. 主动打招呼

当观众进入直播间时，主播主动打招呼更能展现出乐观开朗、阳光向上的形象。

2. 找话题

很多主播经常会说“下班了吗？”“你吃过了吗？”“今天休息吗？”等等。我们可以简单分析一下这样的话题，三个话题都属于选择题或判断题，互动空间较小，得到回答之后话题就终结了，基本没有互动的意义。

建议主播在直播中选择开放性问题，如思考题和应用题。比如说“在我小时候，隔壁邻居家有一条小花狗，每次放学回家它都会追着我，每次我都害怕地躲着它。”让观众联想起自己小时候一些有趣的事情，这样参与话题的人就会多了。

3. 抽奖

设置互动抽奖环节可以瞬间带动观众的情绪，调动直播间的氛围。在直播间适当地发放优惠券或者专属红包，让观众帮助分享直播间链接，提升直播人气。

4. 连麦

连麦是直播间互动的有效技巧之一，特别是跟关注度高一些的主播连麦，在一定程度上可以扩大主播与账号的影响力。在做连麦游戏时，一定不要怕输，直播间的氛围决定你的用户热度，只要你的直播间热度高就会吸引更多的用户进入直播间并且留下来。学会根据用户的喜好进行直播，就有机会让自己的直播间活跃起来。

【素质提升】

不管做哪方面的准备，都要坚持真诚、诚信，在业务的各个环节要以人为本、诚信待人。

【知识测试与能力训练】

认真完成表 5-8-1 中的任务。

表 5-8-1 抖音直播带货三要素之三——场

任务主题	掌握抖音直播带货对不同场景的布置要求		
任务准备	资料收集		
组织形式	观看平台直播视频，搜集相关数据进行对比分析，得出结论		
结果呈现	以 PPT 的形式在班级中进行交流		
任务评价	□优	□良	□差

【评价与反思】

在完成本学习任务后，以小组会议的形式进行总结与思考。具体方式可以小组为单位撰写调研，提交 PPT 演示文稿，并推选代表在总评会上进行成果分享，其他小组进行相互点评，最后由教师进行总结评价。教学评价表如表 5-8-2 所示。

表 5-8-2 教学评价表

序号	考核内容	考核标准	分值	学生自评	学生互评	教师评价
1	知识掌握	能够完整并准确地理解直播间场景搭配的四大要素	20			
2	知识运用	能够熟练、准确地运用所学知识完成后续任务	20			
3	学习态度	学习积极主动，态度认真	10			
4	课堂表现	遵守教学秩序	10			
5	自主学习	具有自学意识和动手实操能力	10			
6	能力提升	对不同类别的直播需求，能够合理营造直播间的氛围	30			
7	总体评价					

项目六

使用剪映编辑与制作短视频

项目综述

剪映是一款简单易用的视频编辑软件，支持变速、多轨道编辑，滤镜多样，美颜效果突出，有丰富的曲库资源，支持用户在多场景下自由创作。本项目将具体讲解剪映操作技巧，帮助大家系统地掌握这款剪辑软件。

任务一 剪映界面介绍

剪映界面介绍

【任务导学】

知识难点：剪映的功能。
知识重点：剪映的主要界面。

【思维导图】

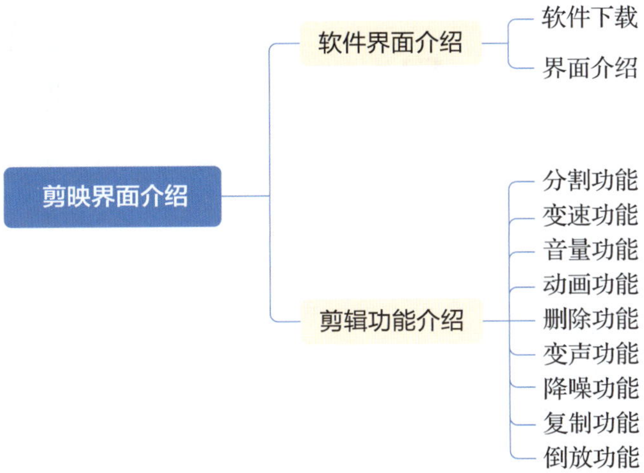

【基础知识全景体验】

一、软件界面介绍

（一）软件下载

1. 苹果系统安装剪映的步骤

第一步：解锁手机，进入设置界面，根据个人需求连接无线局域网或蜂窝移动网络，如图 6-1-1 所示。

第二步：网络连接成功后，打开 App Store，在 App Store 界面点击【搜索】按钮并搜索剪映，如图 6-1-2 所示。

第三步：在搜索结果界面上选择剪映并点击获取，如图 6-1-3 所示。

2. 安卓系统安装剪映的步骤

第一步：打开手机找到【应用市场】或【应用商城】，如图 6-1-4 所示。

第二步：在搜索框内输入“剪映”进行搜索，在搜索结果项上点击【安装】，如图 6-1-5 所示。

图 6-1-1　网络连接

图 6-1-2　搜索剪映

图 6-1-3　获取剪映

图 6-1-4　应用市场

图 6-1-5　安装剪映

第三步：关注下载进度条，进度到 100% 就表示下载完成，如图 6-1-6 所示。

第四步：在手机桌面上找到并打开剪映 App，如图 6-1-7 所示。

注：不要通过手机浏览器下载，以免遇到流氓软件影响手机使用安全。

（二）界面介绍

1. 个人中心

与抖音账号关联后，可以将剪映中处理好的视频一键发布到抖音平台，如图 6-1-8 所示。

图 6－1－6　下载进度

图 6－1－7　剪映 App

2. 设置

视频分辨率选择 1080P，如图 6－1－9 所示。

3. 草稿箱

剪映会实时保存视频半成品到草稿箱，支持用户随时开启和关闭文件编辑，如图 6－1－10 所示。这是一个非常人性化的功能，允许用户多时段、非一次性处理视频文件。

图 6－1－8　个人中心

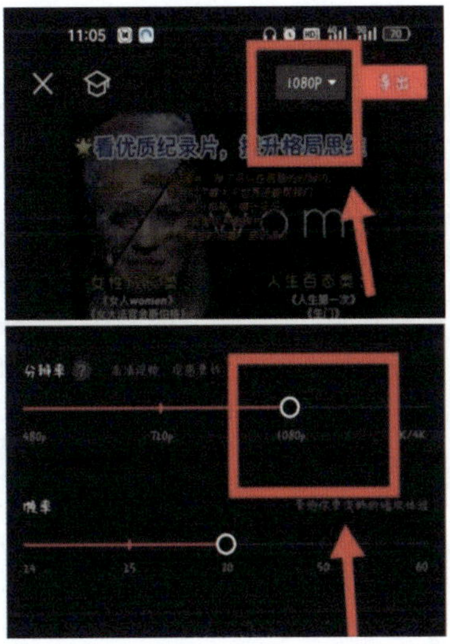

图 6－1－9　视频分辨率设置

图 6－1－10　草稿箱

4. 开始创作

在剪映首页点击【开始创作】，进入创作界面。界面上方是【关闭】按钮和【全屏】按钮，中间是视频窗口，能实时预览处理效果。在制作时，若操作失误则可以通过撤销功能还原到上一步，如图 6－1－11 所示。

5. 时间轴面板

可以把时间轴面板比作菜板，使用工具在时间轴面板上处理视频就像在菜板上处理食材，几乎所有视频的编辑工作都是在时间轴面板上完成的，如图 6-1-12 所示。

图 6-1-11　撤销

图 6-1-12　时间轴面板

6. 关闭原声

视频原文件包含过多噪声时，可以通过关闭原声功能将其关闭，如图 6-1-13 所示。

7. 添加音频

添加音频功能支持用户添加自己喜欢的音乐，如图 6-1-14 所示。

图 6-1-13　关闭原声

图 6-1-14　添加音频

8. 工具栏

可以把工具栏比作调味料，有了它们，饭菜才会色香味俱全。编辑的过程就是进行调味的过程，我们看到的各种效果都出自工具栏。

二、剪辑功能介绍

剪映的创作界面如图 6－1－15 所示。

图 6－1－15　创作界面

剪映的创作界面分为四个版块，左上角这一按钮是素材库（如图 6－1－16 所示），内含大量视频、音频、音效、文字等素材，可根据个人需要添加；占界面最大面积的区域为预览窗（如图 6－1－17 所示），此区域可实时查看编辑效果；预览窗下面这一部分叫控制面板（如图 6－1－18 所示）或时间轴面板；最下面这一部分叫作工具栏，包括分隔、变速、音量、动画、删除、变声、降噪、复制、倒放等工具，如图 6－1－19 所示。

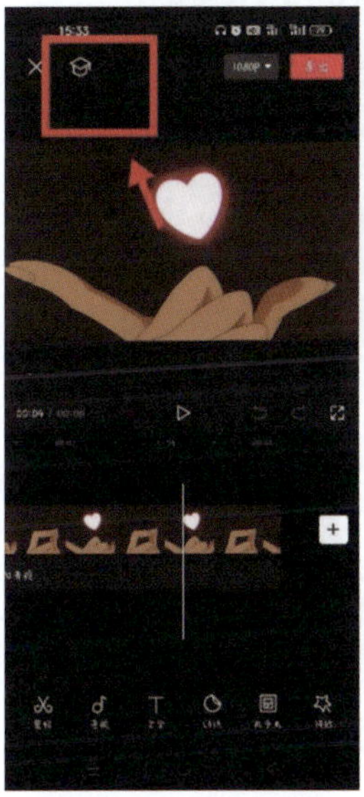

图 6－1－16　素材库

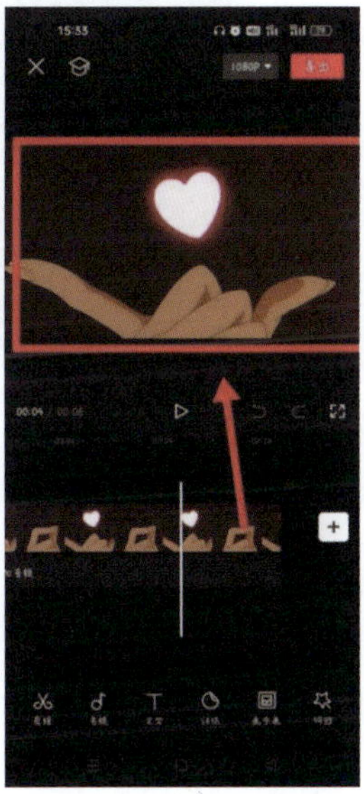

图 6－1－17　预览窗

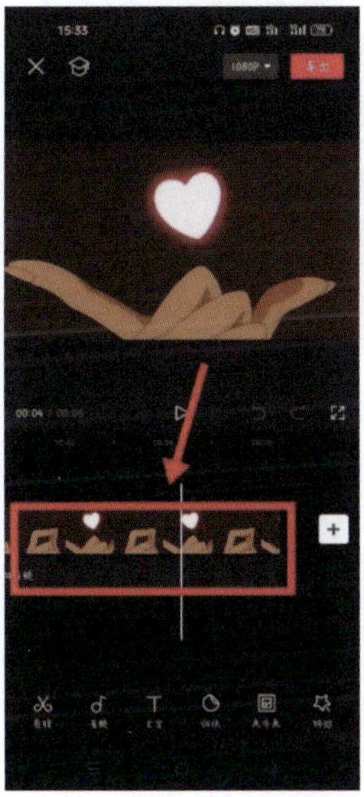

图 6－1－18　控制面板

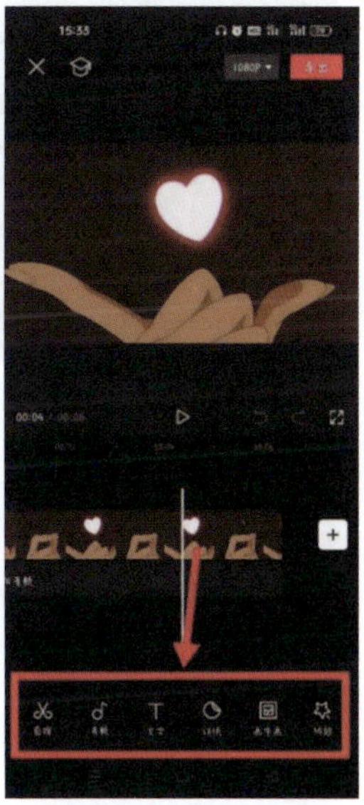

图 6－1－19　工具栏

（一）分割功能

插入视频文件后，点击【分割】，即可利用分割功能删除多余部分，如图 6－1－20 所示。分割相当于切菜，把不能吃的部分去掉，留下食用部分。具体操作如下：

（1）选中视频素材，将视频拖到需要删除的部分的开始处，点击【分割】，选中要丢弃的部分，点击“删除”。

（2）选中视频素材后拖拽前面的白色矩形，可以直接裁剪视频，这种裁剪方法没有第一种方法那么精

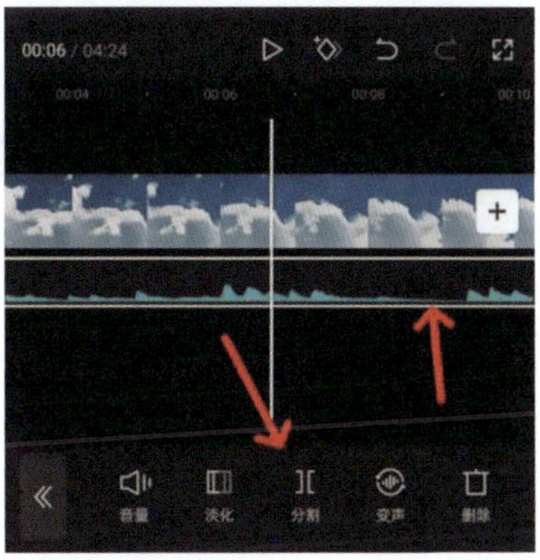

图 6－1－20　分割

确，需要多练习。

（二）变速功能

变速功能用于加快或者放慢视频播放速度，向左为加速度，向右为减速度，如图 6－1－21 所示。

（三）音量功能

选中视频，可调整视频的音量；选中音乐，可调整背景音乐的音量，如图 6－1－22 所示。

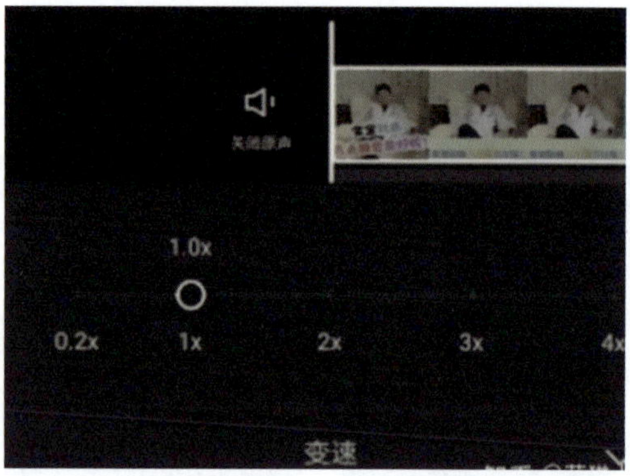

图 6－1－21　变速

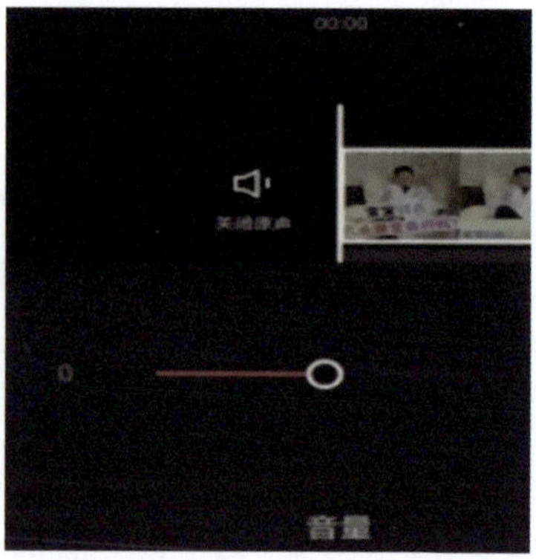

图 6－1－22　音量

（四）动画功能

动画功能是最受欢迎的功能之一。需要强调的是，不要每个素材都添加动画，会显得视频非常杂乱。一个视频中，动画效果尽量不要超过 4 种。此外，还可以调整动画的时长，如果卡点紧凑，动画的时长就需要调短一些。

（五）删除功能

删除功能用于删除不需要的素材。选择“剪辑”→“分割”→“删除”命令可删除视频素材，选择“分割”→“删除”命令可删除音频素材。

（六）变声功能

选择“剪辑”→“变声”命令可启用变声功能，改变自己的声音。素材库里面有很多声音类型可供挑选，如图 6－1－23 所示。

（七）降噪功能

我们生活的空间，每时每刻都存在电磁波，会导致视频录制时出现无法避免的电流声音。后期可以通过降噪功能来降低音频中的电流声。前期拍摄也尽量在安静的环境下完成。

（八）复制功能

音频、视频、文字字幕等，都可以进行复制，如图 6－1－24 所示。

图 6－1－23　变声

图 6－1－24　复制

操作步骤：插入视频文件，选择要复制的部分，点击【复制】按钮。复制后的文本、音频、视频的属性（大、小、宽、高）与原素材完全相同。

（九）倒放功能

倒放功能可增加视频的趣味性，如图 6－1－25 所示。

图 6－1－25　倒放

【素质提升】

在日常的设计中，以艺术审美为依托，提高自己的创新能力。

【知识测试与能力训练】

认真完成表 6－1－1 中的任务。

表 6－1－1　掌握剪映的功能

任务主题	了解剪映的功能		
任务准备	笔记本电脑、手机、软件		
组织形式	使用剪映软件进行短视频初剪		
结果呈现	短视频成片（初剪）		
任务评价	□ 优	□ 良	□ 差

【评价与反思】

在完成本学习任务后，以小组会议的形式进行总结与思考。具体方式可以小组为单位拍摄视频素材、剪辑视频，并推选代表在总评会上初剪成果展示，其他小组进行相互点评，最后由教师进行总结评价。教学评价表如表 6－1－2 所示。

表 6－1－2　教学评价表

序号	考核内容	考核标准	分值	学生自评	学生互评	教师评价
1	知识掌握	能完整并准确地理解和掌握剪映的功能	20			
2	知识运用	能够熟练、准确地运用所学知识完成后续任务	20			
3	学习态度	学习积极主动，态度认真	10			
4	课堂表现	遵守教学秩序	10			
5	自主学习	具有自学意识和动手实操能力	10			
6	能力提升	使用剪映完成短视频的初剪	30			
7	总体评价					

任务二　使用剪映进行短视频剪辑

【任务导学】

知识难点：剪映短视频的时长、轨道的功能。

知识重点：剪映短视频的时长、轨道、贴纸、字幕分辨率的设置。

【思维导图】

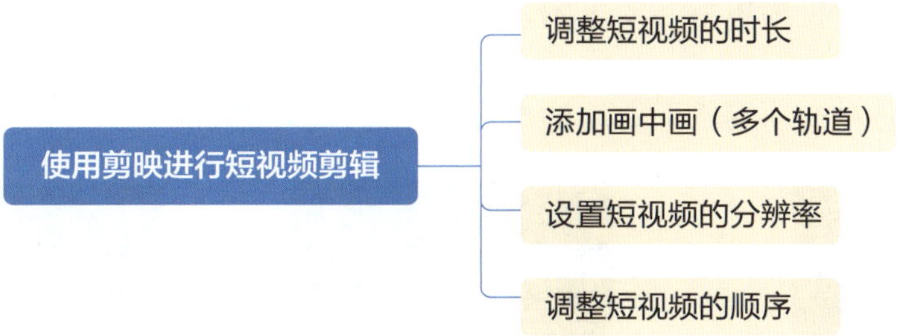

【基础知识全景体验】

一、调整短视频的时长

使用剪映调整短视频的时长的具体操作步骤如下：

（1）打开剪映，点击【开始创作】，如图 6－2－1 所示。

（2）在手机素材库里选择需要剪辑的视频，点击【添加】按钮，如图 6－2－2 所示。

（3）短视频导入成功后即可进入短视频编辑界面。

（4）点击视频轨道，此时最下方的工具栏区域会显示各种视频编辑工具，分别是剪辑、音频、文本、贴纸、画中画、特效、素材包、滤镜、比例、背景、调节，如图 6－2－3 所示。

图 6－2－1　开始创作

图 6－2－2　添加素材

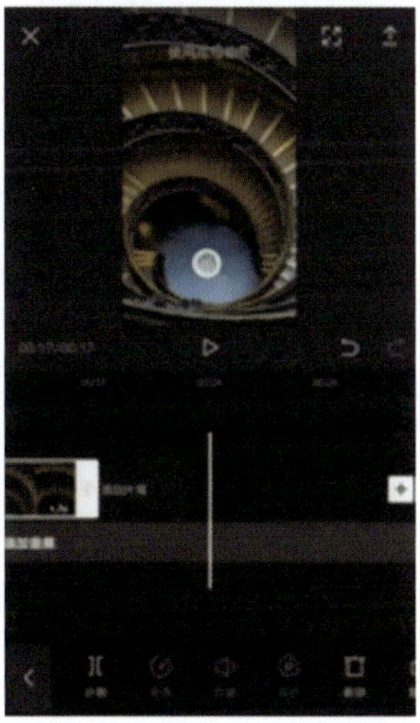

图 6－2－3　视频剪辑工具

（5）滑动视频轨道，将要作为视频起点的画面对准白色竖线，点击下方工具栏中的【分割】；同样，将要作为视频终点的画面对准白色竖线，点击下方工具栏中的【分割】，即可将视频调整至需要的时长，如图 6－2－4 所示。

（6）如果需要调整视频的起点和终点，可以点击视频轨道，选中并移动视频首尾的滑块。

（7）拖动视频起点或终点的滑块就可以重新调整视频要保留的部分。

（8）点击视频时长编辑框右端的滑块，拖动至目标位置后松开，即可缩短视频时长，如图 6－2－5 所示。

（9）长按并向左拖动编辑框右端的滑块可快速减少视频时长，如图 6－2－6 所示。

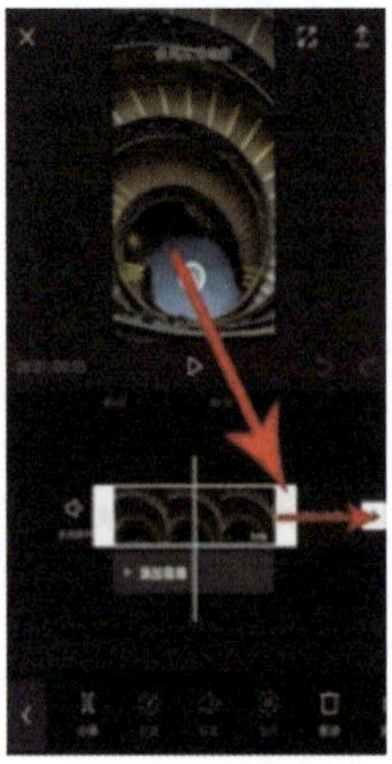

图 6－2－4　滑动视频轨道

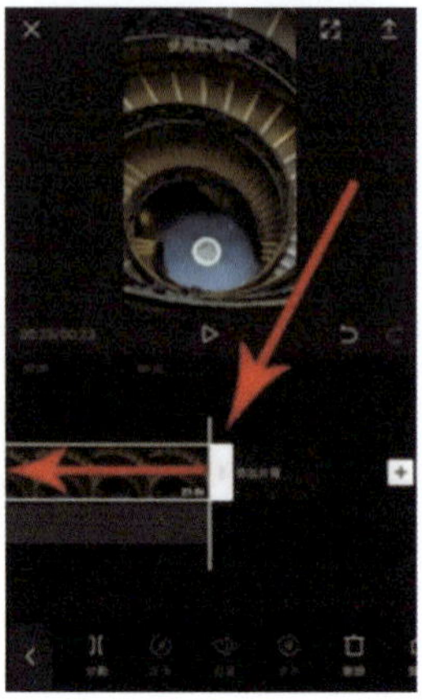

图 6－2－5　缩短视频时长

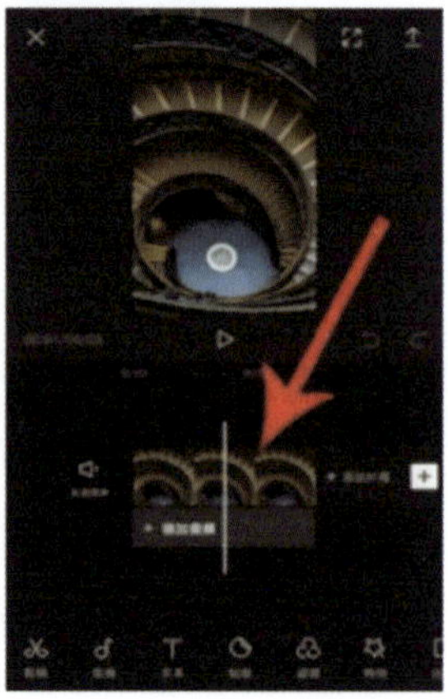

图 6－2－6　快速减少视频时长

二、添加画中画（多个轨道）

剪映支持多轨道编辑视频，也就是画中画（如图 6－2－7 所示）。下面讲述如何用剪映添加画中画（多个轨道）。

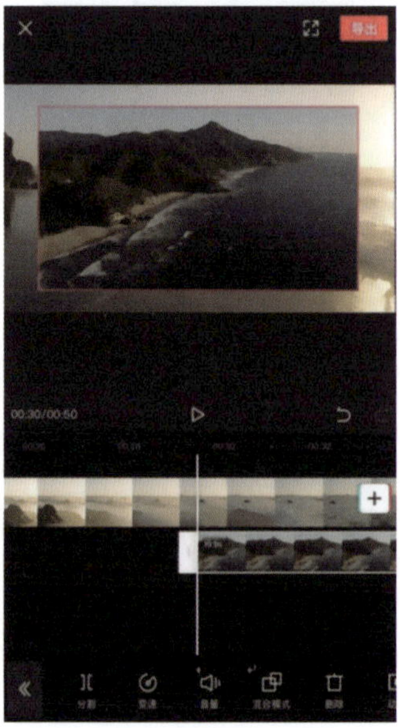

图 6－2－7　添加画中画（多个轨道）

（1）打开剪映，点击【开始创作】（如图 6－2－8 所示），在手机素材库里选中需要编辑的视频（如图 6－2－9 所示），点击底部的【添加】按钮加入新的视频素材（如图 6－2－10 所示），短视频导入成功后即可进入短视频编辑界面（如图 6－2－11 所示）。

图 6－2－8　开始创作

图 6－2－9　剪映素材库

图 6－2－10　添加视频素材

图 6－2－11　短视频编辑界面

（2）点击视频轨道，页面下方的工具栏会显示各种视频编辑工具（如图 6－2－11 所示），点击视频轨道下面的【添加音频】（如图 6－2－12 所示），进入“添加音乐”界面，点击音乐后面的【使用】即可添加音乐（如图 6－2－13 所示）。添加完成后自动回到短视频编辑界面，看到“视频轨道”下面出现“音频轨道”即为添加成功（如图 6－2－14 所示）。

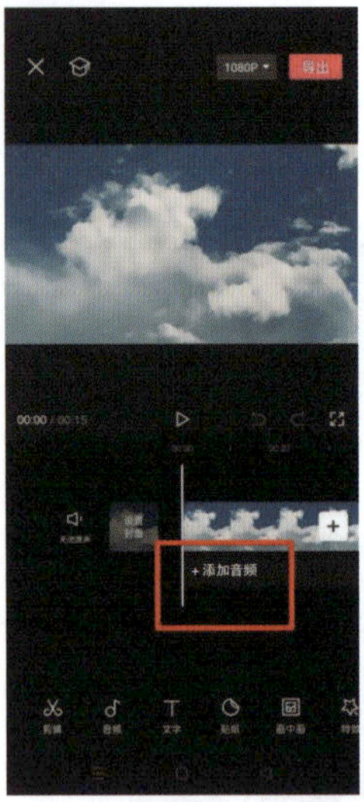

图 6－2－12　添加音频

图 6－2－13　添加音乐

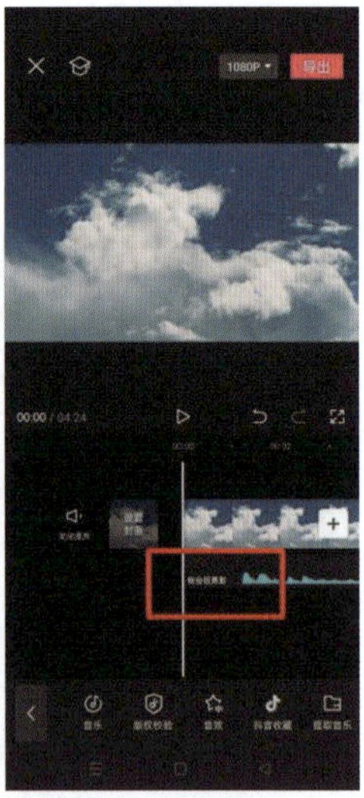

图 6－2－14　音频轨道

（3）点击工具栏最左侧的图标返回（如图 6－2－15 所示）；在底部工具栏点击【文字】（如图 6－2－16 所示），进入文本编辑界面，下方有新建文本、文字模板、识别字体、识别歌词以及添加贴纸选项，点击【识别歌词】（如图 6－2－17 所示）后，点击【开始匹配】（如图 6－2－18 所示）。歌词识别成功后，即完成了歌词轨道的添加，如图 6－2－19 所示。

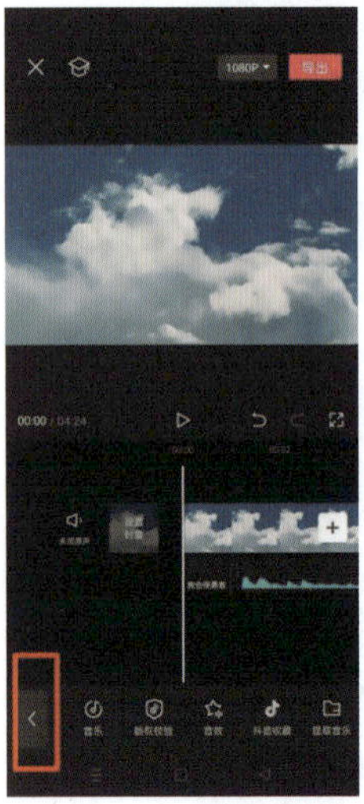

图 6－2－15　返回

图 6－2－16　文字

图 6－2－17　识别歌词

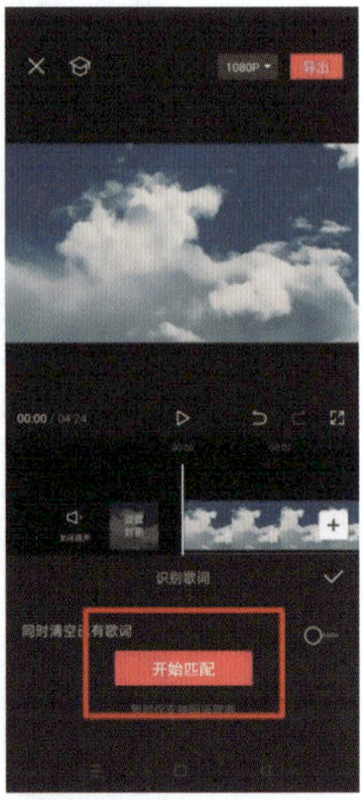

图 6－2－18　开始匹配

（4）在工具栏中点击【特效】（如图 6－2－20 所示）则可以添加特效轨道（如图 6－2－21 所示），特效轨道分为“画面特效”和“人物特效”等，可以根据视频需要选择相应的特效。特效可以拥有多条轨道，从而实现同时添加多个音频、多种特效，为短视频带来不一样的效果。

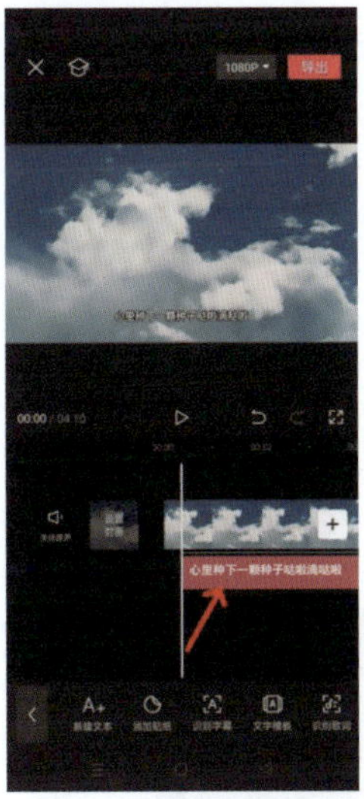

图 6－2－19 歌词轨道

图 6－2－20 特效

图 6－2－21 特效轨道

三、设置短视频的分辨率

在使用剪映编辑短视频时，我们常常会遇到分辨率不理想的问题，下面介绍设置短视频分辨率的方法。

（1）打开剪映，点击【开始创作】，在手机素材库里选中需要编辑的短视频，点击底部的【添加】按钮导入短视频（如图 6－2－22 所示），然后设置分辨率。

（2）分辨率设置包含“分辨率”和“帧率”两个选项，拖动滑块可设置短视频的分辨率，越往左分辨率越低，越往右则分辨率越高（如图 6－2－23 所示），设置相应的分辨率后，点击【导出】即可，如图 6－2－24 所示。

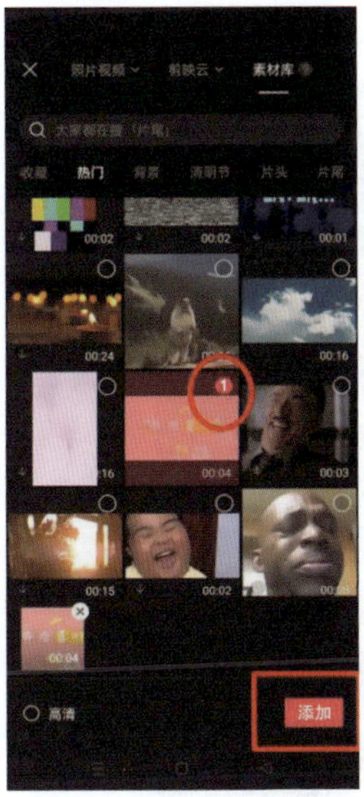

图 6－2－22 添加短视频

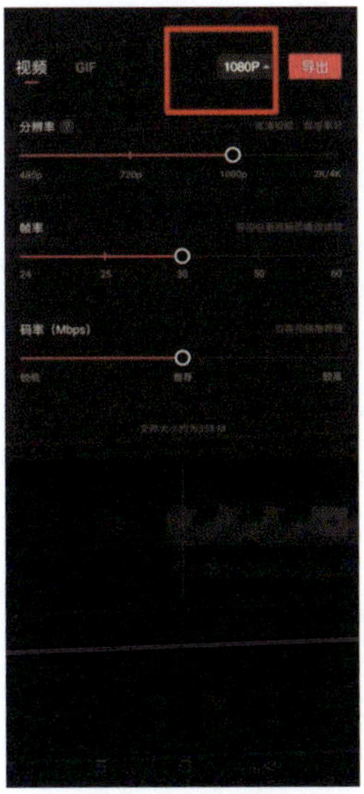

图 6－2－23 分辨率和帧率

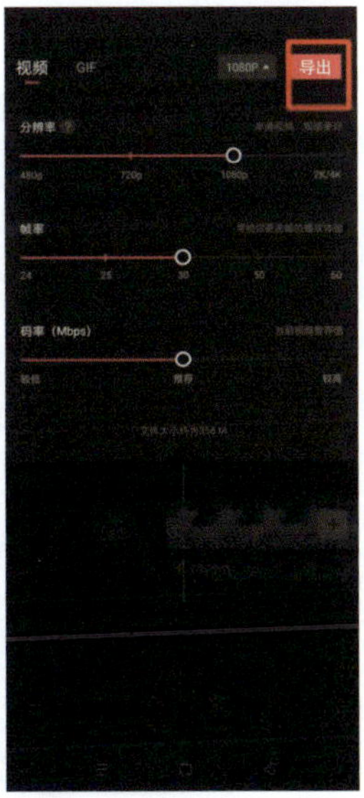

图 6－2－24 导出

（3）界面提示“努力导出中……请保持屏幕点亮，不要锁屏或切换程序”。导出进度为 100% 时表示短视频导出成功。

（4）导出完毕，点击底部的【完成】即可，如图 6－2－25 所示。

四、调整短视频的顺序

在剪辑多段短视频时，为了取得更好的效果，需要调整短视频的顺序，具体操作如下：

（1）打开剪映，导入两段短视频，如图 6－2－26 所示。

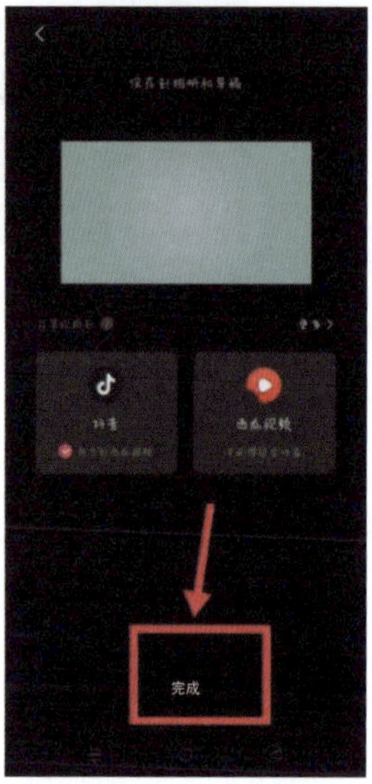

图 6－2－25　完成

图 6－2－26　添加视频

（2）长按其中一段短视频并左右滑动，便可以调整短视频的顺序，如图 6－2－27 和图 6－2－28 所示。

图 6－2－27　长按视频

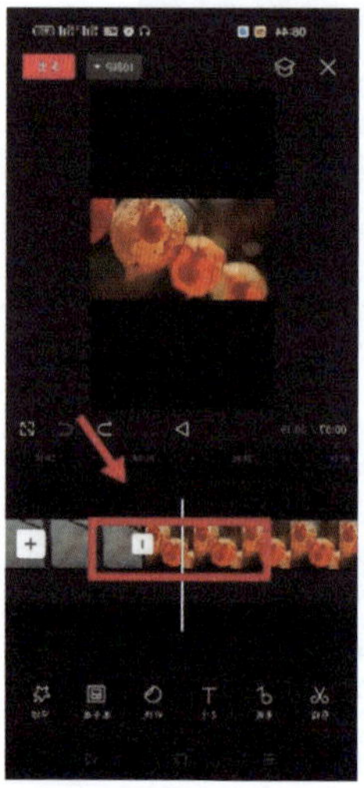

图 6－2－28　左右滑动

【素质提升】

在实践中全面提高审美水平和人文素养，增强文化自信。

【知识测试与能力训练】

认真完成表 6-2-1 中的任务。

表 6-2-1 使用剪映编辑短视频

任务主题	使用剪映编辑与制作短视频（题材不限）
任务准备	笔记本电脑、手机
组织形式	拍摄短视频素材，使用剪映进行剪辑
结果呈现	导出视频上传到平台
任务评价	□优　□良　□差

【评价与反思】

在完成本学习任务后，以小组会议的形式进行总结与思考。具体方式可以小组为单位拍摄视频素材、剪辑视频，并推选代表在总评会上成果展示，其他小组进行相互点评，最后由教师进行总结评价。教学评价表如表 6-2-2 所示。

表 6-2-2 教学评价表

序号	考核内容	考核标准	分值	学生自评	学生互评	教师评价
1	知识掌握	掌握使用剪映编辑短视频的方法	20			
2	知识运用	能够熟练、准确地运用所学知识完成后续任务	20			
3	学习态度	学习积极主动，态度认真	10			
4	课堂表现	遵守教学秩序	10			
5	自主学习	具有自学意识和动手实操能力	10			
6	能力提升	熟练使用剪映多轨道编辑功能，进行视频剪辑	30			
7	总体评价					

任务三 常用的剪映特效

常用的剪映特效

【任务导学】

知识难点：剪映特效的应用。

知识重点：变声特效、倒放特效、卡点特效等常用特效的设置。

【思维导图】

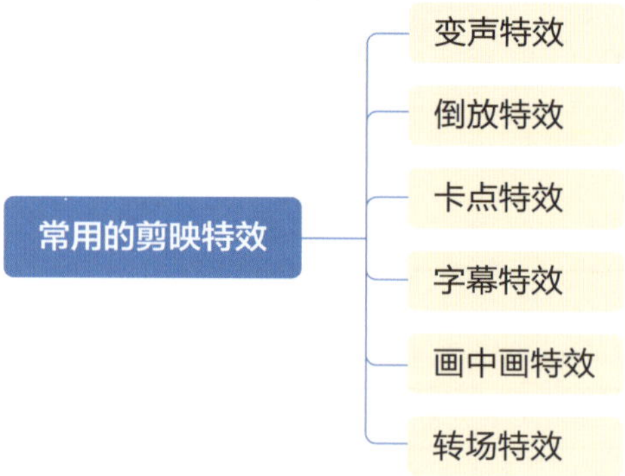

【基础知识全景体验】

一、变声特效

下面介绍如何使用剪映为短视频添加变声特效。

（1）打开剪映，导入短视频，点击底部的【剪辑】，如图 6－3－1 所示。

（2）点击剪辑界面底部的【变声】，如图 6－3－2 所示。

（3）界面底部会出现多种变声特效选项，如图 6－3－3 所示。

图 6－3－1　剪辑

图 6－3－2　变声

图 6－3－3　变声特效选项

（4）根据需要选择变声特效。

二、倒放特效

倒放短视频能给人一种视觉上的错觉，非常有趣。下面介绍倒放短视频的具体操作步骤。

（1）打开剪映，导入短视频，点击底部的【剪辑】。

（2）点击底部的【倒放】，如图 6－3－4 所示。

（3）界面上会弹出提示框，提示“倒放中”，如图 6－3－5 所示。

（4）倒放成功后，点击右上角的【导出】即可，如图 6－3－6 所示。

图 6－3－4　倒放

图 6－3－5　倒放中

图 6－3－6　导出视频

三、卡点特效

卡点视频其实就是踩着音乐节奏的照片视频，炫酷且具有节奏感。通常，技术流类的短视频分为特效视频和卡点视频两类。制作卡点视频最大的难点是对音乐的把控，每段音乐都有相应的节奏，所以把握好节奏是重中之重。制作卡点视频的具体操作步骤如下：

（1）打开剪映，导入短视频，点击底部的【音频】，如图 6－3－7 所示。

（2）在出现的界面中点击【音乐】，如图 6－3－8 所示。

（3）进入“添加音乐”界面，点击【卡点】，如图 6－3－9 所示。

（4）下载卡点音乐列表中自己喜欢的音乐，点击音乐名右侧的【使用】，如图 6－3－10 和图 6－3－11 所示。

图 6-3-7　音频

图 6-3-8　音乐

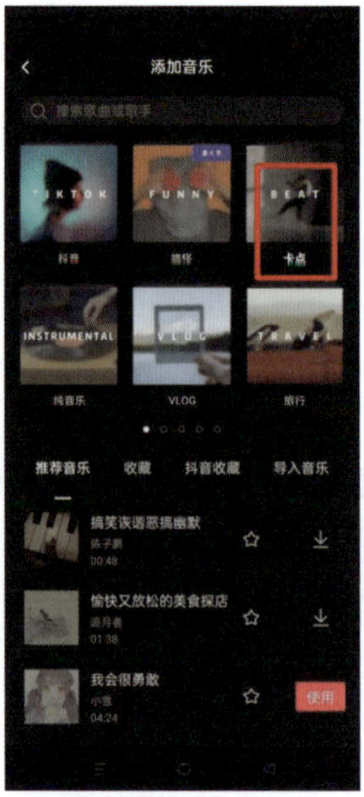

图 6-3-9　卡点

图 6-3-10　下载

图 6-3-11　使用

（5）在“视频编辑”界面点击刚刚添加的音频轨道，点击底部的【踩点】，如图 6-3-12 所示。

（6）点击【添加点】，如图 6-3-13 所示，有两种方式：一种是手动踩点，另一种是自动踩点。自动踩点又分成两种，按照不同的节奏韵律划分。大家可以根据自己的需要进行编辑。

图 6-3-12 踩点

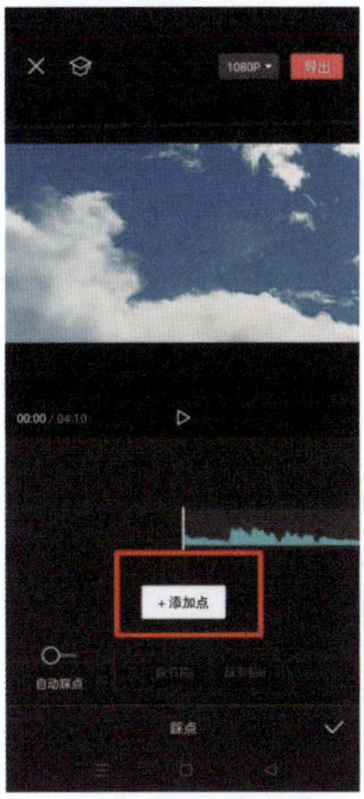

图 6-3-13 添加点

（7）上述操作后，【添加点】自动变成【删除点】（见图 6-3-14），点击左侧的【自动踩点】可根据节拍或旋律自动踩点（见图 6-3-15）。当然，也可以手动踩点，并将每次卡点的节奏用黄点标注出来。

（8）点击右上角的【导出】，如图 6-3-16 所示。

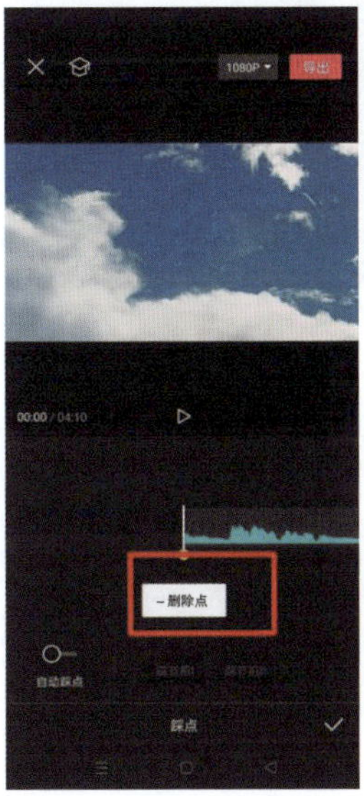

图 6-3-14 删除点

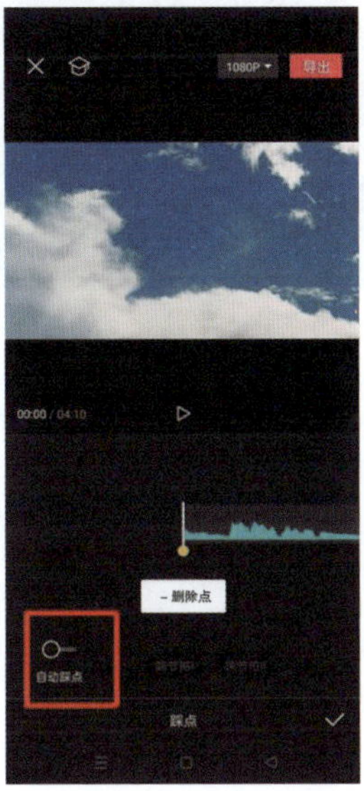

图 6-3-15 自动踩点

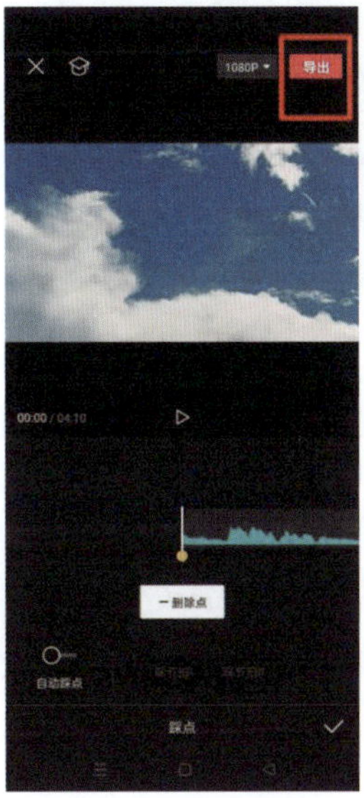

图 6-3-16 导出卡点视频

四、字幕特效

常见的字幕有五种：普通讲解字幕、动效字幕、中英文双语字幕、综艺节目花字字幕、短视频封面字幕。

（一）普通讲解字幕

该字幕常见于电视剧、电影、教学视频等，是手动添加的。具体操作如下：

先点击【新建文本】按钮，再输入文字。这一个环节，音频和字幕不是自动匹配的，如图 6-3-17 和图 6-3-18 所示。

（二）动效字幕

动效字幕常见于情感短片、歌曲、MV，文字呈动态效果。在剪映中，可通过添加“动画”功能实现该特效，如图 6-3-19 所示。

图 6-3-17　新建文本

图 6-3-18　输入文字

图 6-3-19　动画

（三）中英文双语字幕

选择【文本】中的【识别字幕】功能，出现“识别字幕”的功能界面，在“双语字幕”栏选择“中英”，点击【开始匹配】按钮，在屏幕中就会出现一行中文字幕、一行英文字幕，在其中一行输入文字，另一行会自动匹配，如图 6-3-20 所示。

（四）综艺节目花字字幕

花字要符合视频风格，如图 6-3-21 所示。

（五）短视频封面字幕

在视频素材中选中作为封面的画面或照片，进入字幕编辑页面进行编辑。封面字幕要求清晰、明了，可以通过调整颜色、描边、阴影等方式强化视觉效果，如图 6-3-22 所示。需要强调的是视频播放页面会有头像和标题，为避免遮挡，可以将字幕安排在屏幕三分之一处，尽量靠左摆放。字幕调整好之后，需要调整字幕的时长。

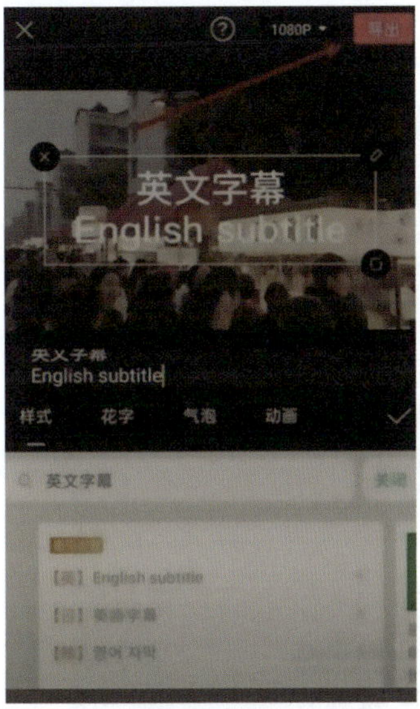

图 6－3－20　中英文双语字幕

图 6－3－21　花字字幕

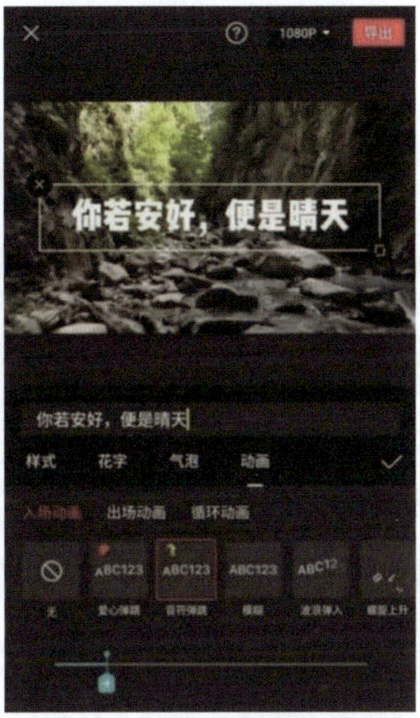

图 6－3－22　封面字幕

五、画中画特效

画中画指的是一个屏幕同时显示多个视频，如图 6－3－23 所示。

图 6－3－23　画中画

（一）三联屏

点击【开始创作】，添加一个视频素材，在工具栏中选择【画中画】，添加第二个视频（添加视频画面比原视频要小，需要手动放大到原视频的尺寸，并且移动到预留的位置），接下来添加第三个视频，处理方法同上。每个视频都有原声，除非有特别需要，否则建议关闭原声。三个视频要分割成等时长，避免出现局部不动的情况，如图 6－3－24 所示。

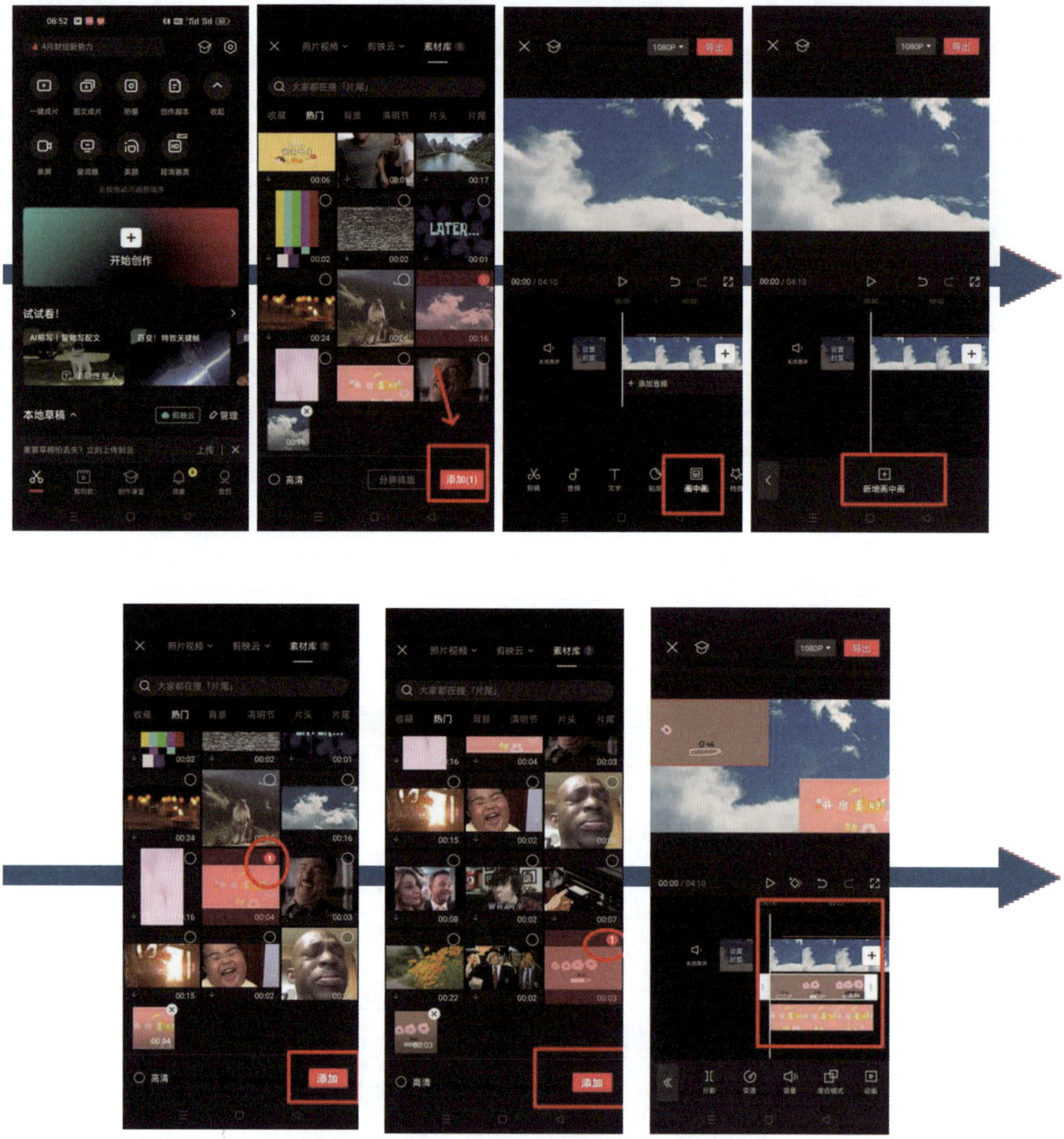

图 6－3－24　三联屏

（二）模拟视频对话效果

点击【开始创作】，导入人物说话素材，点击【画中画】，插入人物对话视频（视频尺寸最好是 9∶16 的竖版），调整画面位置后导入即可，如图 6－3－25 所示。

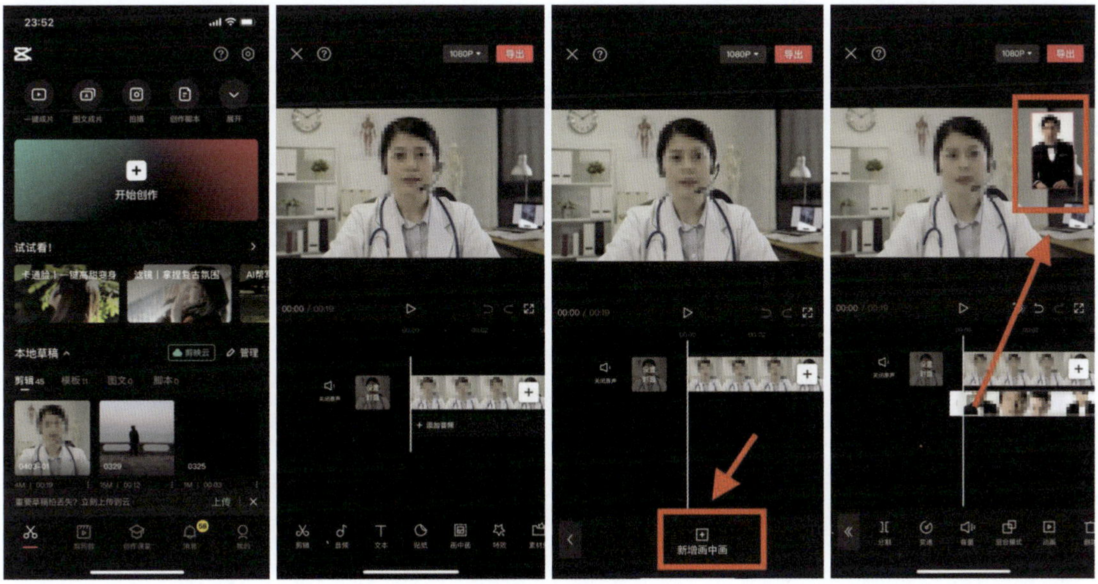

图 6-3-25　模拟视频对话效果

六、转场特效

所有的视频都是由很多的视频片段组合而成，为了使各视频片段之间的逻辑性、条理性、视觉性更好，常常在视频与视频之间添加转场特效。插入两段视频，然后点击视频中的小白块就能唤起转场功能，如图 6-3-26 所示。

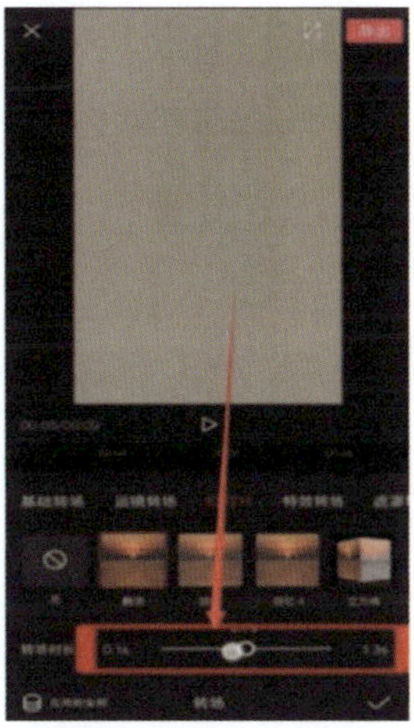

图 6-3-26　转场

最常用的三种转场：叠化，是指前一个画面和后一个画面相叠加，前一个画面逐渐隐去，后一个画面渐渐清晰；关键帧加不透明度，适用于画中画视频，在需要的位置上加关键帧并调整不透明度；关键帧加蒙版，也适用于画中画视频，通过调整画面形状、角度，形成橡皮擦拭的效果。

转场特效的作用如下：

（1）用于时间的转换，强调时间的流逝。

（2）用于空间的转换和闪黑（表示两段视频的相关性不大，闪黑过后，故事线重新开启，也可以用闪白）。

【素质提升】

在实践中精益求精，弘扬工匠精神，不断提高文化艺术修养。

【知识测试与能力训练】

认真完成表 6-3-1 中的任务。

表 6-3-1　运用转场功能编辑视频

任务主题	运用转场功能编辑视频（题材不限）
任务准备	笔记本电脑
组织形式	根据课程内容进行实际操作
结果呈现	短视频成片（精剪）
任务评价	□ 优　□ 良　□ 差

【评价与反思】

在完成本学习任务后，以小组会议的形式进行总结与思考。具体方式可以小组为单位拍摄视频素材、剪辑视频，并推选代表在总评会上进行精剪成果展示，其他小组进行相互点评，最后由教师进行总结评价。教学评价表如表 6-3-2 所示。

表 6-3-2　教学评价表

序号	考核内容	考核标准	分值	学生自评	学生互评	教师评价
1	知识掌握	能够准确地理解转场功能	20			
2	知识运用	能够熟练、准确地运用所学知识完成后续任务	20			
3	学习态度	学习积极主动，态度认真	10			
4	课堂表现	遵守教学秩序	10			
5	自主学习	具有自学意识和动手实操能力	10			
6	能力提升	熟练使用剪映软件进行视频创作	30			
7	总体评价					

任务四　VUE 在短视频中的应用

【任务导学】

知识难点：VUE 在短视频中的具体应用方法。

知识重点：VUE 的产生背景、主要功能，以及在短视频中的应用。

【思维导图】

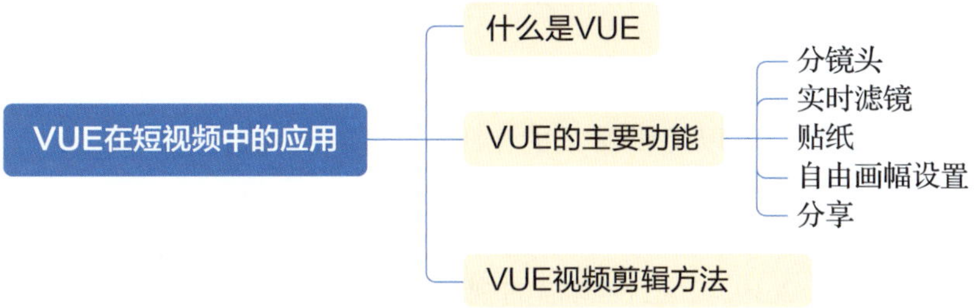

【基础知识全景体验】

一、什么是 VUE

VUE 全称 VUE VLOG，是 iOS 和 Android 平台上运行的一款 Vlog 社区与编辑软件，允许用户通过简单的操作实现 Vlog 的剪辑、细调和发布，记录与分享生活。

随着手机配置的升级迭代，越来越多的用户开始使用手机拍照和摄影。通常，摄影的难度比拍照大，但是视频传播的信息量远大于照片。VUE 就诞生在这样的背景下，帮助用户更好、更方便地在手机上拍摄精美的短视频。

VUE 集合了很多高级的滤镜以及素材，并具有合成、音频分离、混响等功能。在拍摄视频之前，可以用 VUE 来设置色调滤镜以及拍摄的时长。VUE 视频剪辑是对视频源进行非线性编辑，属于多媒体制作范畴。VUE 将加入的图片、背景音乐、特效、场景等素材与视频进行重混合，对视频源进行切割、合并，通过二次编码，生成具有不同表现力的新视频。

VUE 的应用界面十分整洁，操作简单。分镜录制功能极大地提高了短视频的专业水平，通过分镜头导入手机中已有的视频和即时拍摄视频，能够剪辑出形式丰富多变的内容。

每个分镜头的开始时间、滤镜、变焦效果等都可以分别修改，还可以变更分镜头的顺序。用户可以灵活调整整个视频的亮度、饱和度、色温、暗角、锐度等细节，设定画面放大和收缩两种数码变焦，添加字幕和动态贴图。

VUE 不仅仅是一个视频拍摄剪辑软件，也是一个社交平台，可以看到其他用户发布的作品，分享视频剪辑特效和拍摄技巧。想要掌握视频剪辑特效和拍摄技巧一定要多学多看，最主要还是要多试，拍摄各种素材，学会收集。

二、VUE 的主要功能

（一）分镜头

通过点按改变视频的分镜数实现简易的剪辑效果，从而让视频传达更多的信息。

（二）实时滤镜

软件内有 12 款滤镜供选择，切换至前置摄像头会提供自拍美颜功能。

（三）贴纸

支持 40 款手绘贴纸，可以编辑贴纸的出现时间。

（四）自由画幅设置

支持 1∶1、16∶9、2.39∶1 三种画幅的视频拍摄。

（五）分享

支持分享至其他社交软件。

三、VUE 视频剪辑方法

（1）打开 VUE 视频剪辑软件，进入主界面，点击【剪辑】，导入需要编辑的图片和视频素材，就可以开始剪辑了，如图 6－4－1 和图 6－4－2 所示。

图 6－4－1　点击【剪辑】

图 6－4－2　导入图片或视频

（2）调整素材位置。长按并移动待编辑的素材，当素材脱离时间轴后就可以随意移动视频，也可以添加滤镜，如图 6－4－3 所示。

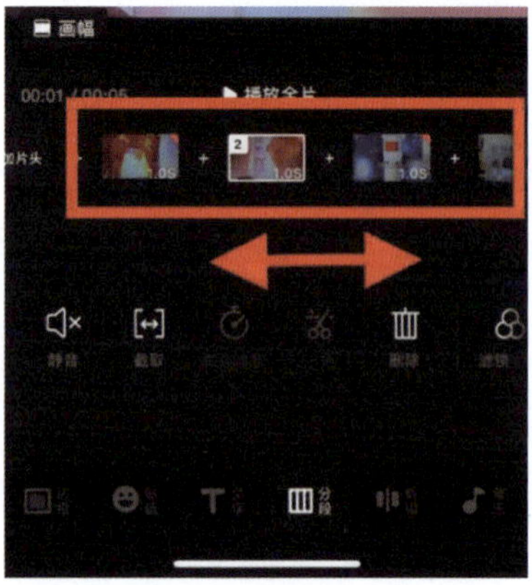

图 6－4－3　素材位置可自由拖动

（3）调整素材时长。点击想要增加或减少时长的素材，会出现左右移动标识，拉动箭头便可以调整时长，如图 6－4－4 所示。

图 6－4－4　调整素材时长

（4）增加转场特效。点击素材之间的“＋”号，会出现转场特效选择界面，可以根据自己的喜好选择转场特效，如图 6－4－5 和图 6－4－6 所示。

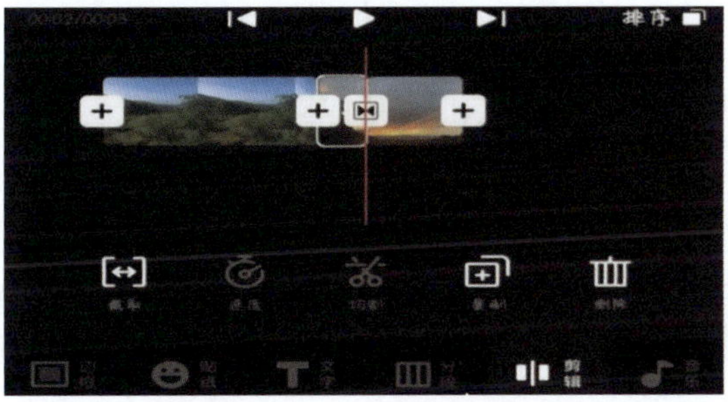

图 6－4－5　增加转场特效

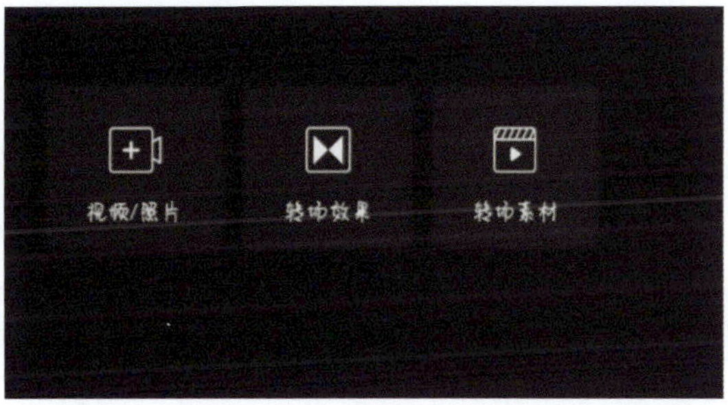

图 6－4－6　转场特效选择

（5）添加音乐和录音。点击【音乐】，即可通过【点击添加音乐】和【点击添加录音】来添加音乐和录音，如图 6－4－7 所示。

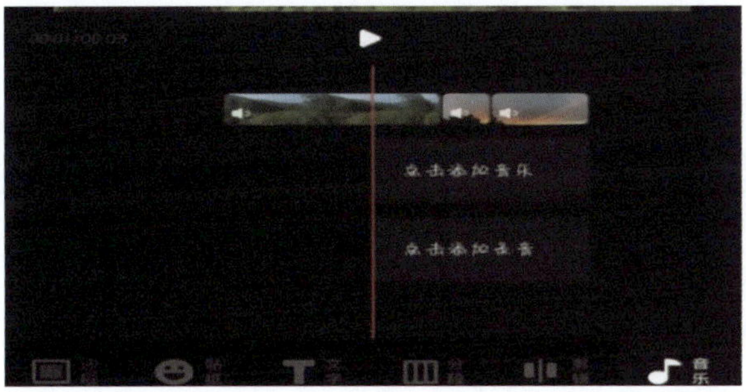

图 6－4－7　添加音乐和录音

（6）点击【保存】并导出，可以把视频保存到手机相册里，或者分享到朋友圈、微博等。

【素质提升】

秉承诚信、爱岗、敬业的工作态度，夯实专业基础，积极发挥专业特色，全面提升感受美、鉴赏美、创造美的综合能力。根据不同需求灵活运用视频编辑软件，为大众创作出更新更好的作品。

【知识测试与能力训练】

运用 VUE 软件，编辑一个 2 分钟的短视频，完成表 6－4－1 中的任务。

表 6－4－1　VUE 在短视频中的应用

任务主题	VUE 软件的使用
任务准备	笔记本电脑
任务说明	运用 VUE 编辑短视频
结果呈现	2 分钟的短视频
任务评价	□ 优　□ 良　□ 差

【评价与反思】

每人编辑一个时长为 2 分钟的短视频在班级中分享交流，与其他同学进行相互点评，最后由教师进行总结评价。教学评价表见表 6－4－2。

表 6－4－2　教学评价表

序号	考核内容	考核标准	分值	学生自评	学生互评	教师评价
1	知识掌握	能够完整并准确地理解和掌握 VUE 软件的相关内容	20			
2	知识运用	能够熟练、准确地运用所学知识完成后续任务	20			
3	学习态度	学习积极主动，态度认真	10			
4	课堂表现	遵守教学秩序	10			
5	自主学习	具有自学意识和动手实操能力	10			
6	能力提升	熟练运用 VUE 软件进行视频创作	30			
7	总体评价					

任务五　快剪辑在短视频中的应用

快剪辑在短视频中的应用

【任务导学】

知识难点：快剪辑的功能和特点。

知识重点：快剪辑在短视频中的具体应用。

【思维导图】

- 快剪辑在短视频中的应用
  - 什么是快剪辑
  - 快剪辑的特色
  - 快剪辑的功能
  - 快剪辑的目标群体
  - 快剪辑的使用方法

【基础知识全景体验】

一、什么是快剪辑

快剪辑是一款功能齐全、操作简便、支持在线边看边剪的 PC 端视频剪辑软件，将拍摄、剪辑、后期、分享四大功能合一。适用于电商营销、内容营销、短视频创作等场景，为有视频剪辑需求的中小机构或个人提供端到端的一站式视频创作服务。快剪辑涵盖多重场景，可以套用模板来剪辑，实现一键成片，同时支持二次创作。快剪辑支持在线剪辑和边剪边传，可以大大提高剪辑效率，制作好的视频可以直接保存到云端，不会占用本地内存。快剪辑的特点是功能齐全，操作便捷，集云端素材管理、视频剪辑创作、内容分发于一体，拥有视频裁剪、合成、截取等功能，支持添加文字、音乐、特效、贴纸等操作，进入网站首页即可开始创作。

快剪辑目前支持两种剪辑方式：模板剪辑和自由剪辑。模板剪辑包含海量定制化场景视频模板，不需要用户具有剪辑基础，可以一键快速成片，同时支持模板细节修改，帮助用户高效创作。自由剪辑包含专业级剪辑功能，可支持画面分割、混剪和音频调节等多种剪辑方法，电影级滤镜效果非常好。

二、快剪辑的特色

（1）快剪辑软件非常智能化，可将语音转换为文字，无须手动输入。

（2）提供电影级画面质感，可以通过滤镜一键优化视频。

（3）具有 50 多款字体。

（4）裁剪非常方便，可实现即剪即删。

（5）支持直接分享和发布。

三、快剪辑的功能

（1）快剪辑具有视频录制功能，在线视频网站播放的视频都可以录制。录制时，将光标移动到播放窗口上，显示快剪辑录制工具功能框，点击【录制视频】即可。

（2）可以选择特效片头，还可以取消片头、片尾和去掉水印。

（3）可以对视频进行编辑，如添加字幕并调整字体、字号、颜色和动画效果，以及添加马赛克。

（4）编辑好的视频内容，既可以下载到本地电脑，也可以通过一键分享功能发到各大媒体平台或分享给网友。

四、快剪辑的目标群体

（1）对视频剪辑感兴趣、想要掌握剪辑技术但不知如何入手的新手。

（2）想记录生活点滴、喜欢分享、有表达自我需求的人。

（3）想紧跟网络潮流，缺乏创新能力的人。

五、快剪辑的使用方法

（1）打开快剪辑软件，单击【本地视频】（如图 6－5－1 所示），选择要编辑的视频素材后导入，如图 6－5－2 所示。

图 6－5－1　本地视频

图 6－5－2　选中视频

（2）回到主界面，在视频要分割的位置单击【暂停】，然后单击视频下方的【剪刀】（如图 6－5－3 所示），即可把一个视频变成两个视频，完成第一次分割，如图 6－5－4 所示。

图 6－5－3　分割视频

图 6－5－4　完成第一次分割

（3）继续播放视频，在要进行第二次分割的位置单击【暂停】，然后单击视频下方的【剪刀】（如图 6-5-5 所示），完成第二次分割，把两个视频分割成三个视频，如图 6-5-6 所示。

图 6-5-5　第二次分割

图 6-5-6　分割为三个视频

（4）单击需要删除的视频，分割线会自动移动到此视频上（如图 6-5-7 所示），单击视频右上角的【垃圾桶】即可将其删除（如图 6-5-8 所示），三个视频就会变成两个，如图 6-5-9 所示。

图 6-5-7　单击需要删除的视频

图 6-5-8　单击【垃圾桶】

（5）单击【编辑声音】，可添加自己喜欢的音乐（如图 6-5-10 所示），最后单击【保

图 6-5-9　删除后三个视频变为两个

图 6-5-10　编辑声音

存】并导出（如图 6－5－11 所示），路径、格式、视频比特率和视频帧率保持默认，单击【开始导出】（如图 6－5－12 所示），单击【下一步】（如图 6－5－13 所示），单击【完成】，如图 6－5－14 所示。

图 6－5－11　保存并导出

图 6－5－12　开始导出

图 6－5－13　单击【下一步】

图 6－5－14　完成

【素质提升】

要认真学习专业知识，扎实的基础知识储备能够更好地指导实践；要注重结合专业知识，深刻践行社会主义核心价值观。

【知识测试与能力训练】

运用快剪辑软件，编辑一个 2 分钟的短视频，完成表 6－5－1 中的任务。

表 6－5－1　快剪辑在短视频中的应用

任务主题	熟练掌握快剪辑软件的相关操作
任务准备	笔记本电脑
任务说明	运用快剪辑编辑短视频
结果呈现	2 分钟短视频
任务评价	□ 优　　□ 良　　□ 差

【评价与反思】

每人编辑一个时长为 2 分钟的短视频在班级中分享交流，与其他同学进行相互点评，最后由教师进行总结评价。教学评价表见表 6-5-2。

表 6-5-2 教学评价表

序号	考核内容	考核标准	分值	学生自评	学生互评	教师评价
1	知识掌握	能够完整并准确地理解和掌握快剪辑基础知识	20			
2	知识运用	能够熟练、准确地运用所学知识完成后续任务	20			
3	学习态度	学习积极主动，态度认真	10			
4	课堂表现	遵守教学秩序	10			
5	自主学习	具有自学意识和动手实操能力	10			
6	能力提升	熟练运用快剪辑软件进行视频创作	30			
7	总体评价					

项目七

原创短视频制作

项目综述

用户需要在平台上结合自己的“人设定位”创作并发布相关内容，常见方式为创作原创短视频。原创作者所带来的创意与流量和粉丝黏性是复制者无法比拟的。通过前期学习短视频的拍摄流程，本项目旨在讲解如何进行原创内容构思，综合分析相关案例，鼓励用户创作原创短视频。

任务一 原创短视频创作思路

原创短视频
创作思路

【任务导学】

知识难点：如何创作优秀的原创短视频。

知识重点：1. 原创短视频的创作思路。

2. 原创短视频的类型。

【思维导图】

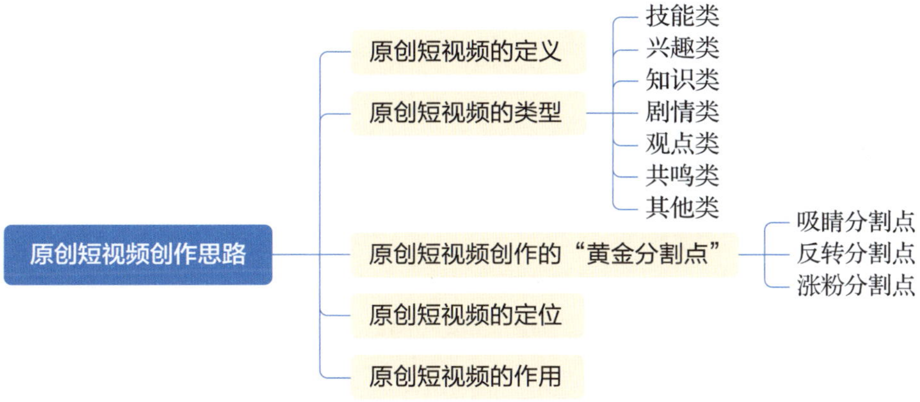

【基础知识全景体验】

一、原创短视频的定义

原创短视频是指在各种新媒体平台上播放的、适合在移动状态和短时休闲状态下观看的、高频推送的视频内容，时长几秒到几分钟不等。平台会为原创短视频创作者提供特殊权益，比如在某短视频平台，原创短视频创作者和他的原创作品可以获得原创的标签，还能自动开通一键维权功能，当发现视频被搬运时可以及时处理。原创短视频创作者还可升级成为版权合伙人，享受侵权赔偿、自动维权、维权加速等权益。

二、原创短视频的类型

（一）技能类

随着生活水平的提高，大众对生活品质有了更高的追求，关注的领域也在不断扩展。技能类的短视频能够让观众习得一定的生活技能，是原创短视频中广受欢迎的一种类型，比如穿搭（如图 7－1－1 所示）、游戏、音乐、舞蹈、手工、绘画等。

图 7－1－1　穿搭博主

（二）兴趣类

以自己感兴趣的事情为主要内容进行拍摄，比如美食、动漫、体育、旅游、动物、时尚等。

（三）知识类

以多领域的知识为主要内容进行拍摄，比如软件、教育、摄影、母婴、职场等。

（四）剧情类

用户对生活的要求不同，生活的方式也不同。基于此，创作者可以根据自身生活经历或针对某一事件合理编排剧情，演绎一个故事。

（五）观点类

以传达某种观点为目的进行拍摄，比如评论、人生哲理、科学真知、生活感悟等，如图 7－1－2 所示。

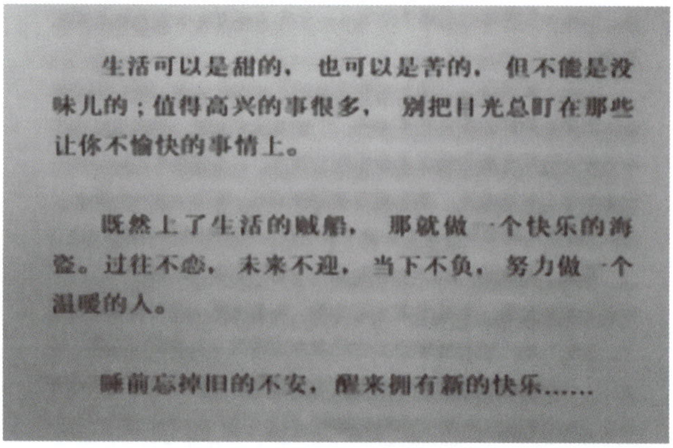

生活可以是甜的，也可以是苦的，但不能是没味儿的；值得高兴的事很多，别把目光总盯在那些让你不愉快的事情上。

既然上了生活的贼船，那就做一个快乐的海盗。过往不恋，未来不迎，当下不负，努力做一个温暖的人。

睡前忘掉旧的不安，醒来拥有新的快乐……

图 7－1－2　观点类文案

（六）共鸣类

能让观众产生共鸣的内容，比如价值共鸣、观点共鸣、经历共鸣、审美共鸣、身份共鸣。

（七）其他类

比如解说、VLOG、测评、盘点等。

三、原创短视频创作的“黄金分割点”

（一）吸睛分割点

在前 5 秒中，要有主题关键要素，以引起观看者的兴趣，引发互动，让观看者有分享的欲望。

（二）反转分割点

做好内容规划，明确要制作的短视频是热点型、标签型还是广告型，根据内容设计反转，在合适的时间进行反转，往往会取得不错的效果。

（三）涨粉分割点

观众观看短视频时，一般会先看很短一段时间，如果对内容不感兴趣，就不会继续看下去。因此在这个时间节点上，要掌握创作要领，使短视频内容易聚焦、易理解、易互动，从而吸引观众继续看下去，并对你的内容感兴趣，从而转化为粉丝。

剧本创作完成后，可以对照一下，看看脚本剧情内容，是否至少具备一个黄金分割点，如果没有，则需要重新设计。

四、原创短视频的定位

原创短视频的定位有以下几种：

（1）定位原创短视频的受众，确保受众人群较多。受众人群越多，越容易上热门。

（2）定位原创短视频的领域。不同的领域，其对应的关注点不同，设计要求也不同，因此要根据所属领域的特点选择合适的表现形式，拍摄出符合对应用户需求的原创短视频。

五、原创短视频的作用

很多创作者在开始做短视频的时候会去借鉴模仿别人的视频，这样虽然能在一定程度上吸引更多的流量。但若长期这样操作，一是容易侵犯著作权，二是系统会限流，三是被观众发觉后很容易取消关注而去关注同类视频的原创作者。所以，原创内容很重要，更容易吸引观众。

原创内容能够更好地展示个人特质，提升个人品牌，增加社交互动。如果是企业博主，通过原创内容更容易吸引潜在客户，促进销售。

【素质提升】

提升原创短视频的合作能力，树立版权意识，不抄袭，也要学会正确维护自己的权益。

【知识测试与能力训练】

认真完成表 7－1－1 中的任务。

表 7－1－1　原创短视频创作思路

任务主题	了解原创短视频的创作思路		
任务准备	笔记本电脑		
组织形式	收集各大短视频平台经典案例，分析、比较，得出结论		
结果呈现	以 PPT 或小视频的形式在班级中进行交流		
任务评价	□ 优	□ 良	□ 差

【评价与反思】

在完成本学习任务后，以小组讨论的形式进行总结与思考。具体方式可以小组为单位撰写调查报告，提交 PPT 演示文稿，并推选代表在总评会上分享，其他小组进行相互点评，最后由教师进行总结评价。教学评价表见表 7－1－2。

表 7－1－2　教学评价表

序号	考核内容	考核标准	分值	学生自评	学生互评	教师评价
1	知识掌握	能够完整并准确地理解和掌握原创短视频的创作思路	20			
2	知识运用	能够熟练、准确地运用所学知识完成后续任务	20			
3	学习态度	学习积极主动，态度认真	10			
4	课堂表现	遵守教学秩序	10			
5	自主学习	具有自学意识和动手实操能力	10			
6	能力提升	对原创短视频类型和题材具备敏感度	30			
7	总体评价					

任务二 优质短视频标题创作

短视频优质标题创新

【任务导学】

知识难点：创作优质短视频标题的方法。

知识重点：1. 短视频标题的类型。

2. 创作优质标题的注意事项。

【思维导图】

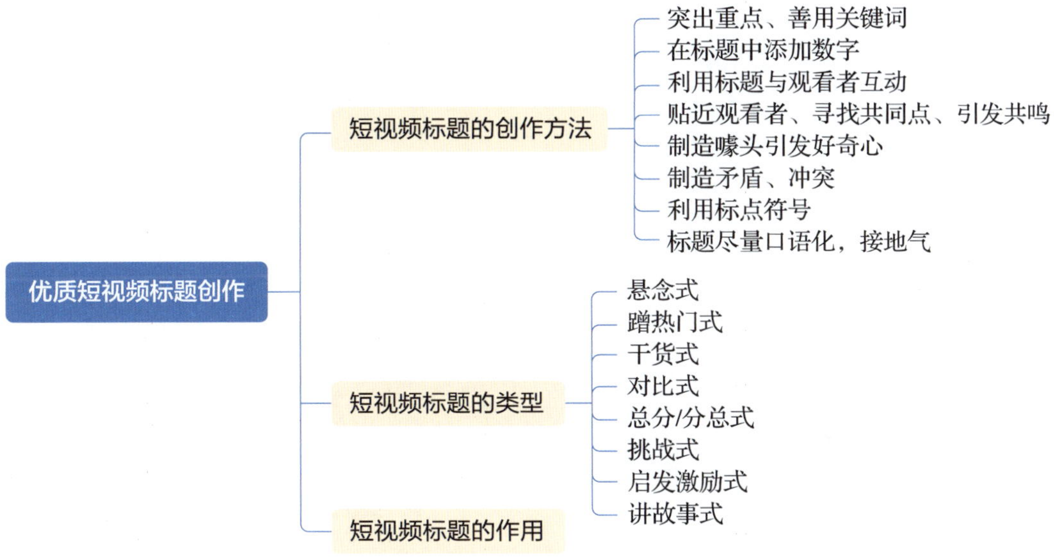

【基础知识全景体验】

一、短视频标题的创作方法

（一）突出重点、善用关键词

在标题中添加关键词不仅能让观看者一眼就明白你要分享的具体内容，而且有利于系统的分发和推荐，以获得更多的流量。

（二）在标题中添加数字

相较于文字，数字更抓人眼球，更容易被记住。数据能提升可信度，并且数字的表达也更加直观，观看者看到你的标题后会立刻知道你的视频中会讲几个方面，观看起来更加有条理和有效率。

（三）利用标题与观看者互动

在标题中加入互动的成分，拉近与观看者的距离，吸引观看者观看视频。

（四）贴近观看者、寻找共同点、引发共鸣

让观看者看到标题后立刻联想到自己。如果标题能涉及观看者生活工作中常见的场景，就会使观看者联想到自己，产生共鸣，视频的点击率也就会增加。

（五）制造噱头引发好奇心

制造噱头引发人们的好奇心，如图 7－2－1 所示，或者提出简单的疑问，例如“你的电脑可以这样操作吗？”

图 7－2－1　引发好奇心

（六）制造矛盾、冲突

制造矛盾、冲突，吸引观看者，例如“我是如何成功避开所有正确答案的”。

（七）利用标点符号

善于利用标点符号，不同的标点符号表达的意思不同，例如“这个功能真的很实用！”“这个功能真的很实用？”

（八）标题尽量口语化，接地气

多用第二人称“你”，这样可以提高观看者的代入感。

二、短视频标题的分类

（一）悬念式

通过间接表达的方式，留下悬念，激发目标用户的好奇心，具体内容留在视频中讲清楚。

（二）蹭热门式

结合当下的热门内容，将其植入标题。

（三）干货式

干货式短视频标题主要有以下几种：

（1）精准定位受众人群，提出困扰他们的问题和解决办法。比如“家长喂饭什么时候是个头？7个诀窍让宝宝自己爱上吃饭”。

（2）提出知识缺口，比如“如何优雅地与老板谈工资？学会这4个职场思维很关键”。

（3）提出大众关心的问题，进行权威解答，比如“长期服用阿司匹林防血栓，饭前吃还是饭后吃？这些知识要了解”。

（四）对比式

对比是指利用人的认知心理，把事物、现象等放在一起比较，其目的是突出事物本质特征，制造冲突性看点。对比的差异越大，往往越吸引人。

1. 时间对比

需要明确两个时间点，以便形成对比。

2. 境遇对比

例如：成功时淡然，失败时泰然。

（五）总分 / 分总式

1. 总分式

例如：拒绝摆烂，在×××应该打卡的十件事。

2. 分总式

例如：我分享，你欣赏，一切的精致为了不将就的你。

（六）挑战式

标题通过挑战用户的固有印象，激发他们的好奇心、好胜心。如“他是抖音‘最没用’的网红，却治好了300万人的焦虑”。

挑战式标题要找准有悖常识的信息点，与常识建立对立关系；灵活运用设问、反问，增强语势，增加悬念，引发深度思考。

（七）启发激励式

这一类标题通过启发式的提问、点拨，引发观众的共鸣。

1. 启发回答

例如：商家这么做，究竟是怎么了？

2. 勾起回忆

例如：每一段记忆，都有一个密码。无论尘封多久，那人那景都将在遗忘中重新拾起。

3. 激发想象

例如：原来是它，使您的爱车如虎添翼！

（八）讲故事式

讲故事式的标题能给观众制造画面感和冲突感，会吸引更多的人去观看视频。

三、短视频标题的作用

标题是自媒体内容创作中很关键的部分，特别像抖音、快手等短视频平台，用户首先看到的是短视频的标题和封面，然后看短视频的内容和场景。优质的短视频标题能够吸引更多的观众。

优质的短视频标题会让观众有分享的欲望，帮助品牌进行宣传。

优质的短视频标题可以更好地展现想表达的内容，向观众提供更具吸引力和说服力的信息。

【素质提升】

正确认识短视频制作，充分发挥短视频的优势，在创作短视频标题时，要坚持弘扬正能量，传递正确的价值观，增强价值认同感和受众体验感，不断提升个人专业素养。

【知识测试与能力训练】

认真完成表 7－2－1 中的任务。

表 7－2－1　短视频优质标题创新

任务主题	创作短视频优质标题		
任务准备	笔记本电脑		
组织形式	收集各大短视频平台经典案例，分析、比较，得出结论		
结果呈现	以 PPT 的形式在班级中进行交流		
任务评价	□ 优	□ 良	□ 差

【评价与反思】

在完成本学习任务后，以小组讨论的形式进行总结与思考。具体方式可以小组为单位撰写分析报告，提交 PPT 演示文稿，并推选代表在总评会上讲解，其他小组进行相互点评，最后由教师进行总结评价。教学评价表见表 7－2－2。

表 7－2－2 教学评价表

序号	考核内容	考核标准	分值	学生自评	学生互评	教师评价
1	知识掌握	能完整并准确地理解和掌握优质短视频标题	20			
2	知识运用	能够熟练、准确地运用所学知识完成后续任务	20			
3	学习态度	学习积极主动，态度认真	10			
4	课堂表现	遵守教学秩序	10			
5	自主学习	具有自学意识和动手实操能力	10			
6	能力提升	通过标题提升短视频关注度	30			
7	总体评价					

任务三 完整视频综合应用处理

完整视频综合应用处理

【任务导学】

知识难点：短视频剧本创作技巧。

知识重点：1. 短视频拍摄技巧。

2. 短视频拍摄的要素。

【思维导图】

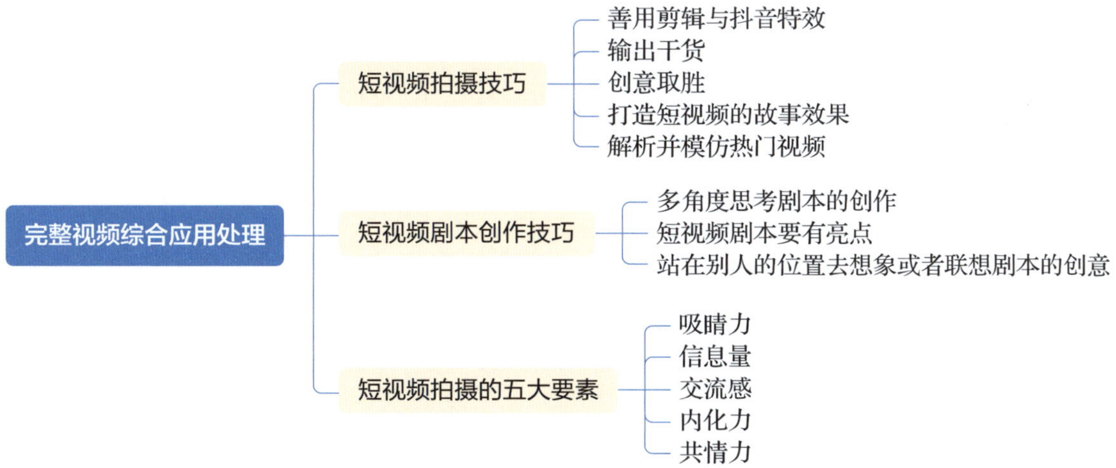

【基础知识全景体验】

一、短视频拍摄技巧

（一）善用剪辑与抖音特效

抖音最早是以酷炫、年轻态的音乐和特效吸引来第一批粉丝，整体风格比快手和同期的短视频软件更迎合年轻人的爱好。善用抖音提供的特效，配以合适的音乐、场景，可以呈现出令人记忆深刻的效果，如图 7－3－1 所示。

图 7－3－1　特效效果

需要注意的是，不管是特效的制作还是配乐的选择，一定要契合短视频风格。

（二）输出干货

输出干货，根据目标粉丝的需求去制作、发布直击痛点的内容。以分享 PPT 制作技巧的博主为例，其目标群体主要是对 PPT 感兴趣或日常需要运用 PPT 的“小白”。该类博主就需要尽可能在短时间内深入浅出地讲解演练 PPT 技能，要简单易懂，清晰明了，才能让粉丝有动力去实践。

（三）创意取胜

创意取胜，以源源不断的创意吸引用户。抖音的传播性和低成本决定了它对于创意的高要求。经常看到，一夜爆红的原创短视频创意隔天就会有用户模仿，这就要求博主在自己擅长的领域保持源源不断的创造性。

（四）打造短视频的故事效果

打造短视频的故事效果，让用户身临其境。除了不断保持创意，在故事内容上也要保持生活气息并符合常理。如何让粉丝投入情感并产生同理心，要求博主构思内容时要基于现实，且要高于现实。内容太超脱现实或者太贴近现实都是几乎没有亮点的，对粉丝就没有吸引力。而在生活基础上经过升华的故事内容，可以让不同社会角色的人群在观看视频时自我代入，产生共鸣。

（五）解析并模仿热门视频

解析热门视频，并进行模仿，解析一定要有深度，解析对象包括声音、效果、分镜头等，并做好笔记。

二、短视频剧本创作技巧

（一）多角度思考剧本的创作

多角度是指站在不同的角度思考剧本中的人物及情节。

（二）短视频剧本要有亮点

短视频剧本要能够先声夺人，具有矛盾和冲突，引起别人的注意。剧本一定要按照逻辑顺序和先后顺序，开局要能吸引观众，要引导演员该怎么去演人物。

（三）站在别人的位置去想象或者联想剧本的创意

多看电影中的镜头转换和语言对话，观看排名靠前的电影或者评分高的电影，分析观众看后的感受是怎样的，以及对观众有什么样的启发，总结加上自己的想法，写属于自己的剧本。

三、短视频拍摄的五大要素

（一）吸睛力

吸睛力即开局激发观众兴趣，争取留住观众。短视频的上下滑动机制决定了用户灵活的自主选择权。如果视频内容无法第一眼激起用户的兴趣，用户很可能直接划过，从而导致用户流失。因此，视频的吸睛力很重要，吸睛力是短视频价值体现的基础和前提。吸睛力由五大要素构成：美、直、奇、名、热。短视频需要凸显五大要素的其中一个或者多个来提升短视频的吸睛力，提升观众的有效观看率。

（二）信息量

信息量即要争分夺秒向用户传达更多信息。移动互联网时代，信息流动速度非常快，各种各样的渠道向用户传输五花八门的信息，致使用户养成多倍速接收信息的习惯。

在这种环境下，低速低质信息很容易使用户丧失耐心或者被用户直接忽略。因此，创作者要尽可能在一个核心点上进行横向、纵向维度的信息扩展，提高短视频信息量，这样也为探寻用户心意提供更多抓手。

（三）交流感

交流感即增强互动，快速拉近与用户的距离。短视频领域不同于图文等，它的特点在于，创作者可以充分利用视听资源与用户形成互动交流，传递情感。

利用富有感染力的关键词与用户产生互动，引导用户点赞关注、评论分享，从而实现信息传递。交流感是提高视频观众喜爱度的重要条件，也是影响视频进入下一个流量池的主要因素。

（四）内化力

内化力即让观众理解并接受短视频的内容价值。观众通常不会带着固定的需求来看短视频，即使看到了内容也未必能理解和接受短视频传递的内容价值。因此，要想观众理解并接受短视频的内容价值，需要认真加工短视频中所提供的信息。

（五）共情力

共情力即让观众因认同视频内容而受影响。用户从接收信息到产生决策行为，有两种情况：有需求且认同内容，进而决策；受到对某个东西的偏爱等情感因素影响而形成认同感，促进决策。这就意味着短视频中的人设、互动感、满足感、内容价值等因素会让用户产生偏爱和认同进而进行点赞、评论等。因此，短视频需要从受众的心理需求出发，戳中用户痛点。

【素质提升】

全面提升审美和人文素养，在短视频创作中，积极弘扬中华优秀传统文化，将艺术融入生活，从而创作出优秀的作品。

【知识测试与能力训练】

认真完成表 7-3-1 中的任务。

表 7-3-1　完整视频综合应用处理

任务主题	创作短视频		
任务准备	笔记本电脑		
组织形式	拍摄、剪辑素材，创作短视频		
结果呈现	制作一个 3～5 分钟的视频		
任务评价	□ 优	□ 良	□ 差

【评价与反思】

在完成本学习任务后，通过小组会议的形式进行总结与思考。具体方式可以小组为单位撰写单元学习自评总结，提交 PPT 演示文稿，并推选代表在总评会上演讲，与其他小组进行相互点评，最后由教师进行总结评价。教学评价表见表 7-3-2。

表 7-3-2　教学评价表

序号	考核内容	考核标准	分值	学生自评	学生互评	教师评价
1	知识掌握	能够完整并准确地理解和掌握短视频综合应用处理的内容	20			
2	知识运用	能够熟练、准确地运用所学知识完成后续任务	20			

续表

序号	考核内容	考核标准	分值	学生自评	学生互评	教师评价
3	学习态度	学习积极主动，态度认真	10			
4	课堂表现	遵守教学秩序	10			
5	自主学习	具有自学意识和动手实操能力	10			
6	能力提升	能拍摄出质量较好的短视频	30			
7	总体评价					

任务四 相关案例分析

相关案例分析

【任务导学】

知识难点：短视频的拍摄流程。

知识重点：短视频拍摄的景别和镜头运动轨迹。

【思维导图】

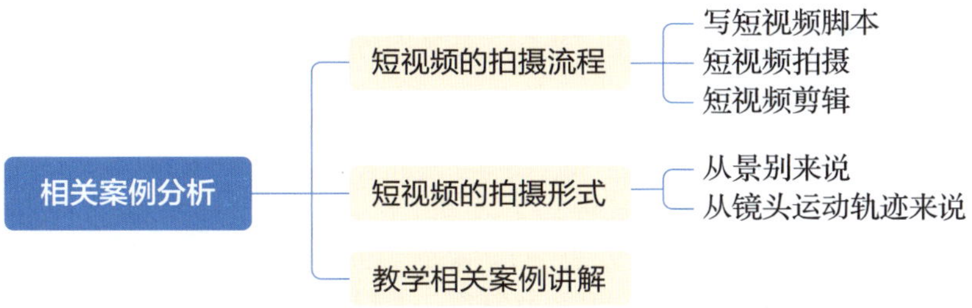

【基础知识全景体验】

一、短视频的拍摄流程

（一）写短视频脚本

脚本作为短视频拍摄的重要依据，指导所有参与短视频拍摄工作人员的行为、动作等。在短视频开拍前，脚本要确定拍摄设备、服装、环境、角色、场景、旁白等元素，需要提前统筹安排好每一个人每一步要做的事情，提高大家的工作效率，并保证短视频高质量完成。在脚本里面，我们要对每一个镜头进行细致的设计，用镜头讲故事，用简单的语言把故事展现给观众。下面是一个比较全面的短视频脚本，如图 7－4－1 所示。

拍摄地点	序号	景别	角度	画面内容	旁白	特效字幕	音效	时长
卧室 床	1	全景	仰拍	人物坐在床上 看手机，准备起床	周一7：00	早上好		5s
卧室 窗户旁	2	中景	平拍	拉开窗帘， 阳光照射进屋内	欢迎大家观看我 在新家的第一个日常			3s
餐厅	3	全景	平拍	人物拿着碗、 燕麦走向餐桌	打工人的通勤vlog	通勤vlog		4s
餐桌	4	中景	侧拍	打开装燕麦的袋子	最近觉得这个燕麦 吃起来很不错			2s
餐桌	5	近景	俯拍	把酸奶倒入碗中， 再加入燕麦	搭配酸奶、 牛奶都很好吃			3s
餐桌	6	特写	俯拍	在酸奶里 再加一点蓝莓作点缀	我比较喜欢 加一点蓝莓一起吃	绝配		4s
客厅	7	全景	平拍	拿出投影仪 在客厅进行投放	临上班前再稍微运动下			3s
客厅	8	中景	仰拍	跟着视频做运动	这样会让一天精神满满			10s
客厅	9	近景	平拍	拿着镜头给 大家展示出的汗	大家可以尝试一下	运动 棒！		5s
卧室	10	近景	仰拍	对着镜头开始化妆	上班要打扮精致一点， 这样自己会很开心			10s

图 7－4－1　短视频脚本

（二）短视频拍摄

短视频拍摄分为人员、场地、设备三个方面。

首先是人员，拍摄短视频的人员包括：编导，负责镜头、指挥等工作，编导是现场的总导演；摄像师负责画面拍摄、声音录制等；演员，如果需要人物出镜、真人口播、剧情演绎等，演员是必不可少的工作人员。

其次是场地，想要视频画面有美感，需要将物品和拍摄背景搭配起来。搭建一个好的场景，才能使视频在众多同类视频中脱颖而出，吸引更多观众的目光。搭建拍摄场景，是短视频拍摄的一个重要部分，需要考虑到现场光线的影响。

最后是设备，拍摄短视频需要用到的设备有专业摄像机（像素更好）、灯光设备（包括打灯设备、反光设备等）、收音设备（口播视频需要）、高配置电脑（支持 PR 剪辑、AE 特效制作等的电脑）。

（三）短视频剪辑

剪辑是一个视频的灵魂，好的后期剪辑能让一个视频更加夺目。后期剪辑的工作内容包括视频素材整理、视频剪接及视频特效、视频花字、视频音乐添加等工作。

二、短视频的拍摄形式

（一）从景别来说

1. 远景

概念：远距离拍摄景物和人物的一种镜头。可使观众看到广阔深远的景象，展示人物活动的空间背景或环境气氛，多用广角和标准镜头拍摄，如图 7－4－2 所示。

图 7－4－2　远景

特点：视距最远的景别，主体在画面中所占位置较小，主要用来烘托环境。在短视频中常用于外景较多的部分或展示环境的部分。

2. 全景

概念：表现场景全貌或人物全身动作的一种镜头，常用于表现人与物之间、人与环境之间的关系，用短焦距镜头拍摄。

特点：全景和远景相似，比远景视距更小，主体全部出现在画面中。主题表现更明确，能更直观地表现主体人物之间的关系。

3. 中景

概念：俗称“七分像”，指摄取人物小腿以上部分的镜头，或用来拍摄与此相当的场景的镜头，是表演性场面的常用景别，多用标准等中焦段镜头拍摄。

特点：视距比近景稍远，能为人物提供较大的活动空间，不仅能使观众看清人物表情，而且有利于展现人物的形体动作。由于取景范围较宽，可在同一画面中拍摄几个人物及其活动，因此有利于交代人与人之间的关系。

4. 近景

概念：拍摄对象为人物局部或物体局部的一种镜头。

特点：视距很近，能清楚地看清人物细微动作，是人物之间进行感情交流的景别。近景着重表现人物的面部表情，传达人物的内心世界，是刻画人物性格最有力的景别，如图 7－4－3 所示。

图 7-4-3 近景

5. 特写

概念：拍摄人体或事物的某一较小局部的镜头。

特点：特写是视距最近的景别，能有效展现事物的细节特点。多运用在故事情节的拍摄上，能通过对人物细节的拍摄，揭露人物的心理。

（二）从镜头运动轨迹来说

拍摄手法包括：推、拉、移、摇、跟。

除了基础的运镜，还有甩、晃、旋转等更进阶的拍摄手法。在短视频拍摄中，并非运用越多手法越好，而是要用最恰当的手法来体现剧情，也就是展现镜头语言。拍摄短视频时，除去甩、晃、旋转这类的特殊运镜，最重要的是要做到足够稳定，不能让观众产生不适感，因此可以使用稳定器来拍摄。

1. 推镜头

推镜头是指人物的位置不动，镜头由远及近向被摄的人物推近，逐渐推成人物近景或特写的镜头，如图 7-4-4 所示。

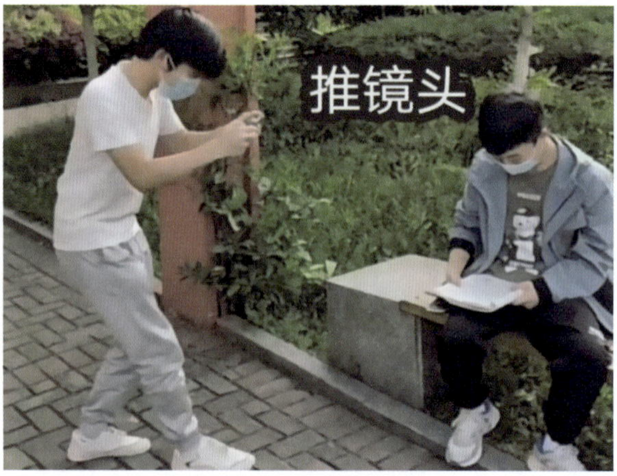

图 7-4-4 推镜头

2. 拉镜头

拉镜头是指人物原地不动，摄影机往后移动机位，逐渐远离被摄对象。

3. 移镜头

移镜头是指被摄对象和摄影机一起移动，是最常见的拍摄手法。移动拍摄要求较高，在实际拍摄中需要专业设备配合。移动拍摄可产生巡视或展示的视觉效果，如果被摄主体处于运动状态，利用移动拍摄可在画面上产生跟随的视觉效果。需要注意的是，镜头的移动速度要和人物保持同频。

4. 摇镜头

摇镜头是指摄影机机位在原地固定不动，通过使用辅助设备如三脚架等使摄影机在原地做一定角度的旋转或上下升降运动。其中最常见的是左右摇，如图 7－4－5 所示。

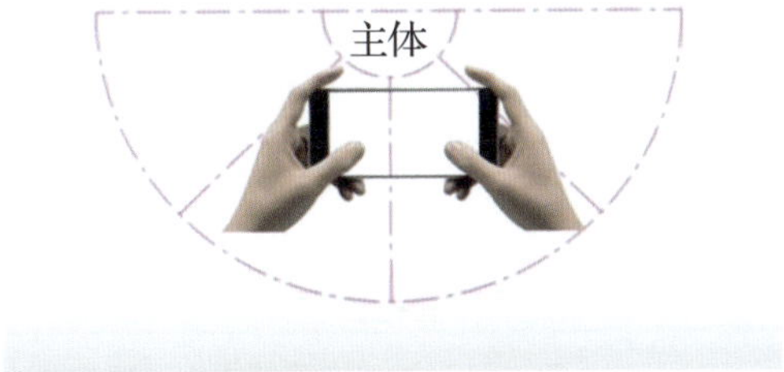

图 7－4－5　摇镜头

5. 跟镜头

跟镜头是指摄像机始终跟随被摄主体进行拍摄，使运动的被摄主体始终在画面中，其作用是能更好地表现运动的物体。

跟镜头时，摄影师需要压低身体，控制好核心力量，一步一步走踏实，以保证稳定拍摄，再通过后期对画面进行处理，使画面更稳定。

三、教学相关案例讲解

制作一个产品短视频。在制作短视频前需对产品进行了解、判断，做好前期视频背景研究，如表 7－4－1 所示。

表 7-4-1　产品短视频准备

产品名称	维生素 OK
广告主题	维生素 OK 快乐补维
品牌调性	营养感、幸福感、美味健康
传播 \ 营销目的	2003 年，维生素 OK 横空出世，受到了众多消费者的喜爱，开创了维生素糖果的品类。2023 年，历经多年发展的维生素 OK 品牌再升级，希望以更加年轻化的姿态出现在消费者的视野里。 （1）面向大众消费群体，通过年轻化的思维，深化维生素 OK 维生素糖果的独特定位，传递“快乐补维”的核心主张。（2）以年轻、潮流、新颖的角度为维生素 OK 品牌形象进行创新，唤醒维生素 OK 在年轻群体中的品牌记忆，让维生素 OK 成为大众所认知的维生素糖果品牌，让快乐补维成为年轻人推崇的生活方式。
目标用户群	学生、上班族等年轻群体
主要竞争者	A、B、C 等保健品品牌

【素质提升】

在拍摄短视频时，做到立足现代，扎根人民，深入生活，树立正确的艺术观和创作观，创作出优秀的作品。

【知识测试与能力训练】

认真完成表 7-4-2 中的任务。

表 7-4-2　相关案例分析

任务主题	深度剖析经典案例		
任务准备	笔记本电脑		
组织形式	欣赏经典原创短视频案例，深度剖析，得出结论		
结果呈现	以 PPT 的形式在班级中进行交流		
任务评价	□ 优	□ 良	□ 差

【评价与反思】

在完成本学习任务后，以小组讨论的形式进行总结与思考。具体方式可以小组为单位剖析优秀原创短视频，提交 PPT 演示文稿，并推选代表在总评会上演讲，其他小组进行相互点评，最后由教师进行总结评价。教学评价表见表 7-4-3。

表 7-4-3　教学评价表

序号	考核内容	考核标准	分值	学生自评	学生互评	教师评价
1	知识掌握	能够完整并准确地理解和掌握短视频拍摄流程和拍摄手法	20			
2	知识运用	能够熟练、准确地运用所学知识完成后续任务	20			
3	学习态度	学习积极主动，态度认真	10			
4	课堂表现	遵守教学秩序	10			
5	自主学习	具有自学意识和动手实操能力	10			
6	能力提升	独立完成短视频的策划、拍摄、剪辑	30			
7	总体评价					

参考文献

[1] 刘映春，曹振华. 短视频制作（全彩慕课版）[M]. 北京：人民邮电出版社，2022.

[2] 王斐. 抖音 + 剪映 +Premiere 短视频制作从新手到高手[M]. 北京：清华大学出版社，2021.

[3] 罗乔木. 短视频自媒体发展现状及趋势[J]. 中国传媒科技，2020（9）：42–44.

[4] 刘东旭. 国内自媒体平台短视频快速发展与广泛应用中的利与弊探究[J]. 黑龙江教师发展学院学报，2020（12）：145–147.

[5] 洪梓琳，周微微. 大学生在短视频产业创新创业的路径研究[J]. 文化创新比较研究，2021，5（11）：175–178.